墨人 著

本全集保留作者手批手稿

墨人博士作品全集【全60冊】

第九冊 環繞地球心影

文史哲出版社印行

國家圖書館出版品預行編目資料

墨人博士作品全集 / 墨人著 -- 初版 -- 臺北
市:文史哲, 民 100.12
頁： 公分
ISBN 978-957-549-987-7 (全套 60 冊：平裝)

1.現代文學 2. 中國文學 3.別集

848.6 100022602

墨人博士作品全集【全60冊】

第九冊 環繞地球心影

著 者：墨 人
出 版 者：文 史 哲 出 版 社
http://www.lapen.com.tw
登記證字號：行政院新聞局版臺業字五三三七號
發 行 人：彭 正 雄
發 行 所：文 史 哲 出 版 社
印 刷 者：文 史 哲 出 版 社
臺北市羅斯福路一段七十二巷四號
郵政劃撥帳號：一六一八〇一七五
電話886-2-23511028 · 傳真886-2-23965656
【全60冊】定價新臺幣 36,800 元
中華民國一百年（2011）十二月初版

ISBN 978-957-549-987-7 08992

墨人博士著作品全集 總目

一、散文類

紅塵心語 全集一
文學醫學命學與人生（山中人語） 全集二
大陸文學之旅 全集三
中國的月亮 全集四
年年作客伴寒窗 全集五
心在山林 全集六
小園昨夜又東風 全集七
三更燈火五更雞 全集八
環繞地球心影 全集九
人的生死榮辱 全集一〇

二、長篇小說

紅塵 全集一一—一八
白雪青山 全集一九—二〇
靈姑 全集二一
同是天涯淪落人　原名鳳凰谷 全集二二
娑婆世界 全集二三—二四
紫燕 全集二五
浴火鳳凰　原名火樹銀花 全集二六—二七
滾滾長江 全集二八
大風大浪 全集二九
春梅小史 全集三〇
富國島 全集三一

魔障 全集三二
黑森林 全集三三
碎心記 全集三四
龍鳳傳 全集三五
閃爍的星辰 全集三六
張本紅樓夢 全集三七—四〇
洛陽花似錦 全集四一

三、中短篇小說散文合集

青雲路 全集四二
亂世佳人 全集四三
第二春 全集四四
塞外 全集四五
斷腸人 全集四六
沙漠王子 全集四七
水仙花 全集四八
扶桑花 全集四九
墨人自選集（短篇小說、詩選） 全集五〇—五一

四、詩詞及論評

全唐詩尋幽探微 全集五二
全唐宋詞尋幽探微 全集五三
全宋詩尋幽探微 全集五四
墨人詩詞詩話 全集五五
墨人半世紀詩選 全集五六
紅樓夢的寫作技巧 全集五七
墨人新詩集㈠自由的火焰國 全集五八
墨人新詩集㈡山之禮讚、哀祖國 全集五九
詩人革命家（胡漢民傳） 全集六十

附：外篇

㈠論墨人及其作品
㈡隔海答問・十三家論文

墨人的一部文學千秋史

張萬熙先生，筆名墨人，江西九江人，民國九年生。爲一位享譽國內外名小說家、詩人、學者。歷任軍、公、教職。六十五歲始自從國民大會簡任一級加年功俸的資料組長兼圖書館長公職崗位退休，但已是中國文壇上一位閃亮的巨星。出版有：《全唐詩尋幽探微》、《紅樓夢的寫作技巧》、二百九十多萬字的大長篇小說《紅塵》、《白雪青山》、《春梅小史》；詩集：《哀祖國》；散文集：《小園昨夜又東風》……。民國五十年、五十一年連續以短篇小說，兩次入選維也納納富出版公司出版的《世界最佳小說選集》。七十歲時自東吳大學中文系教席二度退休，仍著述不輟，爲國寶級文學家。墨人博士在臺勤於創作六十多年（在大陸時期已創作十年），並以其精通儒、釋、道之學養，綜理戎機、參贊政務、作育英才，更以其對傳統文學的精湛造詣，與對新文藝的創作，在國際上贏得無數榮譽，如：美國世界大學榮譽文學博士、美國馬奎士國際大學榮譽文學博士、美國艾因斯坦國際學院榮譽人文學博士（包括哲學、文學、藝術、語言四類）、英國劍橋國際傳記中心副總裁（代表亞洲）、英國莎士比亞詩、小說與人文學獎得主，現在出版《全集》中。

壹、家世・堂號

張萬熙先生，江西省德化人（今九江），先祖玉公，明末時以提督將軍身份鎮守雁門關，蒙

古騎兵入侵，戰死於東昌，後封為「河間王」。其子輔公，進士出身，歷任文官。後亦奉召領兵「三定交趾」，因戰功而封為「定興王」。其子貞公亦有兵權，因受奸人陷害，自蘇州嘉定（即今上海市一區），謫居潯陽（今江西九江）。祖宗牌位對聯為：嘉定源流遠，潯陽歲月長；右書「清河郡」、左寫「百忍堂」。

貳、來臺灣的過程

民國三十八年，時局甚亂，張萬熙先生攜家帶眷，在兵荒馬亂人心惶惶時，張先生從湖南長沙火車站，先將一千多度的近視眼弱妻，與四個七歲以下子女，從車窗口塞進車廂，自己則擠在廁所內動彈不得，千辛萬苦的從湖南長沙搭火車南下廣州，從廣州登商輪來臺。七月三日抵基隆，由同學顧天一先生，接到臺北縣永和鎮鄉下暫住。

參、在臺灣一甲子奮鬥的過程

一、初到臺灣的生活

家小安頓妥後，張萬熙先生先到臺北萬華，一家新創刊的《經濟快報》擔任主編，但因財務不濟，四個月不到便草草結束。幸而另謀新職，舉家遷往左營擔任海軍總司令辦公室秘書，負責紀錄整理所有軍務會報紀錄。

民國四十六年，張先生自左營來臺北任職國防部史政局編纂《北伐戰史》（歷時五年多浩大

工程，編成綠布面精裝本、封面燙金字《北伐戰史》叢書），完成後在「八二三」炮戰前夕又調任國防部總政治部，主管陸、海、空、聯勤文宣業務，四十七歲自軍中正式退役後轉任文官，在臺北市中山堂的國民大會主編研究世界各國憲法政治的十六開大本的《憲政思潮》，作者、譯者都是台灣大學、政治大學的教授、系主任，首開政治學術化先例。

張先生從左營遷到臺北大直海軍眷舍，只是由克難的甘蔗板隔間眷舍改爲磚牆眷舍，大小一般，但邊間有一片不小的空地，子女也大了，不能再擠在一間房屋內，因此，張先生加蓋了三間竹屋安頓他們。但眷舍右上方山上是一大片白色天主教公墓，在心理上有一種「與鬼爲鄰」的感覺。張夫人有一千多度的近視眼，她看不清楚，子女看見嘴裡不講，心裡都不舒服。張先生自軍中假退役後，只拿八成俸。

張先生因爲有稿費、版稅，還有些積蓄，除在左營被姓譚的同學騙走二百銀元外，剩下的積蓄還可以做點別的事。因爲住左營時在銀行裡存了不少舊臺幣，那時左營中學附近的土地只要三塊多錢一坪，張先生可以買一萬多坪。但那時政府的口號是「一年準備，兩年反攻，三年掃蕩，五年成功。」張先生信以爲真，三十歲左右的人還是「少不更事」，平時又忙著上班、寫作，實在不懂政治、經濟大事，以爲政府和「最高領袖」不會騙人，五年以內真的可以回大陸，張先生又有「戰士授田證」。沒想到一改用新臺幣，張先生就損失一半存款，呼天不應。但天理不容，姓譚的同學不但無后，也死了三十多年，更沒沒無聞。張先生作人、看人的準則是：無論幹什麼都是「誠信」第一，因果比法律更公平、更準。欺人不可欺心，否則自食其果。

二、退休後的寫作生活

張先生四十七歲自軍職退休後，轉任台北市中山堂國大會主編十六開大本研究各國憲法政治的《憲政思潮》十八年，時任簡任一級資料組長兼圖書館長。並在東吳大學兼任副教授二十年、香港廣大學院指導教授、講座教授、指導論文寫作、不必上課。六十四歲時即請求自公職提前退休，以業務重要不准，但取得國民大會秘書長（北京朝陽大學法律系畢業）何宜武先生的首肯，六十五歲依法退休。當時國民大會、立法院、監察院簡任一級主管多延至七十歲退休，因所主管業務富有政治性，與單純的行政工作不同，六十五歲時張先生雖達法定退休年齡，還是延長了四個月才正式退休，何秘書長宜武大惑不解地問張先生：「別人請求延長退休而不可得，你為什麼反而要求退休？」張先生答以「專心寫作」，何秘書長才坦然不疑。退休後日夜寫作，因胸有成竹，很快完成了一百九十多萬字的大長篇小說《紅塵》，在鼎盛時期的《臺灣新生報》連載四年多，開中國新聞史中報紙連載最大長篇小說先河。但報社還不敢出版，經讀者熱烈反映，才出版前三大冊。當年十二月即獲行政院新聞局「著作金鼎獎」與嘉新文化基金會「優良著作獎」，亦無前例。《台灣新生報》又出九十三章至一百二十二章，只好名為《續集》。墨人在書前題五言律詩一首：

浩劫未埋身，揮淚寫紅塵，非名非利客，孰晉孰秦人？
毀譽何清問？吉凶自有因。天心應可測，憂道不憂貧。

二〇〇四年初，巴黎 youfeng 書局出版豪華典雅的法文本《紅塵》，亦開「五四」以來中文作家大長篇小說進入西方文學世界重鎮先河。時為巴黎舉辦「中國文化年」期間，兩岸作家多由政

府資助出席，張先生未獲任何資助，亦未出席，但法文本《紅塵》卻在會場展出，實爲一大諷刺。張先生一生「只問耕耘，不問收穫」的寫作態度，七十多年來始終如一，不受任何外在因素影響。

肆、特殊事蹟與貢獻

一、《紅塵》出版與中法文學交流

《紅塵》寫作時間跨度長達一世紀，由清朝末年的北京龍氏家族的翰林第開始，寫到八國聯軍、滿清覆亡、民國初建、八年抗日、國共分治下的大陸與臺灣，續談臺灣的建設發展、開放大陸探親等政策。空間廣度更遍及大陸、臺灣、日本、緬甸、印度，是一部中外罕見的當代文學鉅著。墨人五十七歲時應邀出席在西方文藝復興聖地佛羅倫斯所舉辦的首屆國際文藝交流大會，會後環遊地球一周。七十歲時應邀訪問中國大陸四十天，次年即出版《大陸文學之旅》。《紅塵》一書最早於臺灣新生報連載四年多，並由該報連出三版，臺灣新生報易主後，將版權交由昭明出版社出版定本六卷。由於本書以百年來外患內亂的血淚史爲背景，寫出中國人在歷史劇變下所顯露的生命態度、文化認知、人性的進取與沉淪，引起中外許多讀者極大共鳴與回響。

旅法學者王家煜博士是法國研究中國思想的權威，曾參與中國古典文學的法文百科全書翻譯工作，他認爲深入的文化交流仍必須透過文學，而其關鍵就在於翻譯工作。從五四運動以來，中西文化交流一直是西書中譯的單向發展。直到九十年代文建會提出「中書外譯」計畫，臺灣作家才逐漸被介紹到西方，如此文學鉅著的翻譯，算是一個開始。

王家煜在巴黎大學任教中國上古思想史，他指出《紅塵》一書中所引用的詩詞以及蘊含中國思想的博大精深，是翻譯過程中最費工夫的部分。爲此，他遍尋參考資料，並與學者、詩人討論，歷時十年終於完成《紅塵》的翻譯工作，本書得以出版，感到無比的欣慰。他笑著說，這可說是「十年寒窗」。

《紅塵》法文譯本分上下兩大冊，已由法國最重要的中法文書局「友豐書店」出版。友豐負責人潘立輝謙沖寡言，三十年多來，因對中法文化交流有重大貢獻而獲得法國授予文化「騎士勳章」的榮譽。他於五年前開始成立出版部，成爲歐洲一家以出版中國圖書法文譯著爲主業的華人出版社。

潘立輝表示，王家煜先生的法文譯筆典雅、優美而流暢，使他收到「紅塵」譯稿時，愛得不忍釋手，他以一星期的時間一口氣看完，經常讀到凌晨四點。他表示出版此書不惜成本，不太可能賺錢，卻感到十分驕傲，因爲本書能讓不懂中文的旅法華人子弟，更瞭解自己文化根源的可貴之處，同時，本書的寫作技巧必對法國文壇有極大影響。

二、不擅作生意

張先生在六十五歲退休之前，完全是公餘寫作，在軍人、公務員生活中，張先生遭遇的挫折不少。軍職方面，張先生只升到中校就不做了，因爲過去稱張先生爲前輩、老長官的人都成爲張先生的上司，張先生怎麼能做？因爲張先生的現職是軍聞社資料室主任（他在南京時即任國防部新創立的「軍事新聞總社」實際編輯主任，因言守元先生是軍校六期老大哥，未學新聞，不在編輯之列）。但張先生以不求官，只求假退役，不擋人官路，這才退了下來。那時養來亨雞風氣盛

行，在南京軍聞總社任外勤記者的姚秉凡先生頭腦靈活，他即時養來亨雞，張先生也「東施效顰」，結果將過去稿費積蓄全都賠光。

三、家庭生活與運動養生

張先生大兒子考取中國廣播公司編譯，結婚生子，廿七年後才退休，長孫修明取得美國南加州大學電機碩士學位，之後即在美國任電機工程師。五個子女均各婚嫁，小兒子選良以獎學金取得美國華盛頓大學化學工程博士，媳蔡傳惠爲伊利諾理工學院材料科學碩士，兩孫亦已大學畢業就業，落地生根。

張先生兩老活到九十一、九十二歲還能照顧自己。（近年以一印尼女「外勞」代做家事）張先生一伏案寫作四、五小時都不休息，與臺大外文系畢業的長子選翰兩人都信佛，六十五歲退休後即吃全素。低血壓十多年來都在五十五至五十九之間，高血壓則在一百一十左右，走路「行如風」，年輕人很多都跟不上張先生，比起初來臺灣時毫不遜色，這和張先生運動有關。因爲張先生住大直後山海軍眷舍八年，眷舍右上方有一大片白色天主教公墓，諸事不順，公家宿舍小，又當西曬，張先生靠稿費維持七口之家和五個子女的教育費。三伏天右手墊填著毛巾，背後電扇長吹，三年下來，得了風濕病，手都舉不起來，花了不少錢都未治好。後來章斗航教授告訴張先生，圓山飯店前五百完人塚廣場上，有一位山西省主席閻錫山的保鑣王延年先生在教太極拳，勸張先生天一亮就趕到那裡學拳，一定可以治好。張先生一向從善如流，第二天清早就向王延年先生報名請教，王先生有教無類，收張先生這個年已四十的學生，王先生先不教拳，只教基本軟身功攀

腿，卻受益非淺。

四、耿直的公務員性格

張先生任職時向來是「不在其位，不謀其政」。後來升簡任一級組長，有一位「地下律師」的專員，平時鑽研六法全書，混吃混喝，與西門町混混都有來往，他的前任爲大畫家齊白石女婿，平日公私不分，是非不明，借錢不還，沒有口德，人緣太差，又常約那位「地下律師」專員到家中打牌。那專員平日不簽到，甚至將簽到簿撕毀他都不哼一聲，因爲爲他多報年齡，屆齡退休時想更改年齡，但是得罪人太多，金錢方面更不清楚，所以不准再改年齡，組長由張先生繼任。

張先生第一次主持組務會報時，那位地下律師就在會報中攻擊圖書科長，張先生立即申斥，並宣佈記過。簽報上去處長都不敢得罪那地下律師，又說這是小事，想馬虎過去，張先生以秘書處名譽紀律爲重，非記過不可，讓他去法院告張先生好了。何宜武祕書長是學法的，他看了張先生簽呈同意記過，那位地下律師「專員」不但不敢告，只暗中找一位不明事理的國大「代表」來找張先生的麻煩。因事先有人告訴他，張先生完全不理那位代表，他站在張先生辦公室門口不敢進來，幾分鐘後悄然而退。人不怕鬼，鬼就怕人。諺云：「一正壓三邪」，這是經驗之談。直到張先生退休，那位專員都不敢惹事生非，西門町流氓也沒有找張先生的麻煩，當年的代表十之八九已上「西天」，張先生活到九十二歲還走路「行如風」，一坐到書桌，能連續寫作四、五小時而不倦，不然張先生怎麼能在兩岸出版約三千萬字的作品？

（原載新文豐《紮根台灣六十年》，墨人民國一百年十一月十三日校正）

墨人博士作品全集

文學是千秋藝業
秦皇漢武今何在
李白杜甫仍風流

全集共分四大類
一、散文類 六小類
三、文學理論類
四、新詩古典詩詞類

我出生於一個「萬般皆下品，惟有讀書高」的傳統文化家庭，且深受佛家思想影響，因祖母信佛，兩個姑母先後出家，大姑母是帶著賠嫁的錢購買依山傍水風景很好，上名山廬山的必經之地的「天后宮」出家的，小姑母的廟則在鬧中取靜的市區。我是父母求神拜佛後出生的男子，並寄名佛下，乳名聖保，上有二姊下有一妹都夭折了，在那個重男輕女的時代！我自然水漲船高了。我記得四、五歲時一位面目清秀，三十來歲文質彬彬的李瞎子替我算命，母親問李瞎子，我的命根穩不穩？能不能養大成人？李瞎子說我十歲行運，幼年難免多病，可以養大成人，但是會遠走高飛。母親聽了憂喜交集，在那個時代不但妻以夫貴。也以子貴，有兒子在身邊就多了一層保障。母親的心理壓力很大，李瞎子的「遠走高飛」那句話可不是一句好話。

到現在八十多年了，我還記得十分清楚。母親暗自憂心。何況科舉已經廢了，不必「進京趕考」，更不會「當兵吃糧」，安安穩穩作個太平紳士或是教書先生不是很好嗎？我們張家又是大族，人多勢眾，不會受人欺侮，何況二伯父的話此法律更有權威，人人敬仰，去外地「打流」又有什麼好處？因此我剛滿六歲就正式拜孔夫子入學啓蒙，從《三字經》、《百家姓》、《千字文》、《千家詩》、《論語》、《大學》、《中庸》……《孟子》、《詩經》、《左傳》讀完了都要整本背，在十幾位學生中，也只有我一人能背，我背書如唱歌，窗外還有人偷聽，他們實在缺少娛樂。除了我父親下雨天會吹吹笛子、簫，消遣之外，沒有別的娛樂，我自幼歡喜絲竹之音，但是很少聽到。讀書的人也只有我們三房、二房兩兄弟，二伯父在城裡當紳士，偶爾下鄉排難解紛，他是一族之長，更受人尊敬，因爲他大公無私，又有一百八十公分左右的身高，眉眼自有威嚴，

能言善道，他的話比法律更有效力，加之民性純樸，真是「夜不閉戶，道不失遺」。只有「夏都」廬山才有這麼好的治安。我十二歲前就讀完了四書、詩經、左傳、千家詩。我最喜歡的是《千家詩》和《詩經》。

關關雎鳩，在河之洲，
窈窕淑女，君子好逑。

我覺得這種詩和講話差不多，可是更有韻味。我就喜歡這個調調。《千家詩》我也喜歡，我背得更熟。開頭那首七言絕句詩就很好懂：

雲淡風清近午天，傍花隨柳過前川。
時人不識余心樂，將謂偷閒學少年。

老師不會作詩，也不講解，只教學生背，我覺得這種詩和講話差不多，但是更有韻味。我也了解大意，我以讀書爲樂，不以爲苦。這時老師方教我四聲平仄，他所知也止於此。

我也喜歡《詩經》，這是中國最古老的詩歌文學，是集中國北方詩歌的大成。可惜三千多首被孔子刪得只剩三百首。孔子的目的是：「詩三百，一言以蔽之，曰思無邪。」孔老夫子將《詩經》當作教條。詩是人的思想情感的自然流露，是最可以表現人性的。先民質樸，孔子既然知道「食色性也」，對先民的集體創作的詩歌就不必要求太嚴，以免喪失許多文學遺產和地域特性。楚辭和詩經不同，就是地域特性和風俗民情的不同。文學藝術不是求其同，而是求其異。這樣才會多彩多姿。文學不應成爲政治工具，但可以移風易俗，亦可淨化人心。我十二歲以前所受的基

礎教育，獲益良多，但也出現了一大危機，沒有老師能再教下玄。幸而有一位年近二十歲的姓王的學生在廬山一未立案的國學院求學，他問我想不想去？我自然想去，但廬山夏涼，冬天太冷，父親知道我的心意，並不反對，他對新式的人手是刀尺的教育沒有興趣，我便在飄雪的寒冬同姓王的爬上廬山，我生在平原，這是第一次爬上高山。

在廬山我有幸遇到一位湖南岳陽籍的閻毅字任之的好老師，他只有三十二歲，飽讀詩書，與民國初期的江西大詩人散原老人唱和，他的王字也寫的好。有一天他要六七十位年齡大小不一的學生各寫一首絕句給他看，我寫了一首五絕交上去，廬山松樹不少，我生在平原是看不到松樹的，我是即景生情，信手寫來，想不到閻老師特別將我從大教室調到他的書房去，在他右邊靠牆壁另加一桌一椅，教我讀書寫字，並且將我的名字「熹」改爲「熙」，視我如子。原來是他很欣賞我那首五絕中的「疏松月影亂」這一句。我只有十二歲，不懂人情世故，也不了解他的深意。時任漢口市長張群的侄子張繼文還小我一歲，卻是個天不怕、地不怕的小太保，江西省主席熊式輝的兩個小舅子大我幾歲，閻老師的侄子卻高齡二十八歲。學歷也很懸殊，有上過大學的、高中的，多是對國學有興趣，支持學校的袞袞諸公也都是有心人士，新式學校教育日漸西化，國粹將難傳承，所以創辦了這樣一個尙未立案的國學院，也未大張旗鼓正式掛牌招生，但聞風而至的要人子弟不少，校方也本著「有教無類」的原則施教，閻老師也是義務施教，他與隱居廬山的要人嚴立三先生也有交往。（抗日戰爭一開始嚴立三即出山任湖北省主席，諸閻老師任省政府秘書，此是後話。）同學中權貴子弟亦多，我雖不是當代權貴子弟，但九江先組玉公以提督將軍身分抵抗蒙

古騎兵入侵雁門關戰死東昌(雁門關內北京以西縣名，一九九〇年我應邀訪問大陸四十天時去過。)而封河間王；其子輔公。以進士身分出仕，後亦應昭領兵三定交趾而封定興王；其子貞公亦有兵權，因受政客讒害而自嘉定謫居潯陽。大詩人白居易亦曾謫爲江州司馬，我另一筆名即用江州司馬。我是黃帝第五子揮的後裔，他因善造弓箭而賜姓張。遠祖張良是推薦韓信爲劉邦擊敗楚霸王項羽的漢初三傑之首。他有知人之明，深知劉邦可以共患難，不能共安樂，所以悄然引退，作逍遙遊，不像韓信爲劉邦拼命打天下，立下汗馬功勞，雖封三齊王卻死於未央宮呂后之手。這就是不知進退的後果。我很敬佩張良這位遠祖，抗日戰爭初期（一九三八）我爲不作「亡國奴」，即輾轉赴臨時首都武昌以優異成績考取軍校，一位落榜的姓熊的同學帶我們過江去漢口。中共未公開招生的「抗日大學」（當時國共合作抗日，中共在漢口以「抗大」名義吸收人才。）辦事處參觀，接待我們的是一位讀完大學二年級才貌雙全，口才奇佳的女生獨對我說負責保送我免試進「抗大」一期，因未提其他同學，我不去。一年後我又在軍校提前一個月畢業，因我又考取陪都重慶中央政府培養高級軍政幹部的中央訓練團，而特設的新聞「新聞研究班」第一期，與我同期的有爲新詩奉獻心力的覃子豪兄（可惜五十二歲早逝）和中央社東京分社主任兼國際記者協會主席的李嘉兄。他在我訪問東京時曾與我合影留念，並親贈我精裝《日本專欄》三本。他七十歲時過世，這兩張照片我都編入「全集」一百九十多萬字的空前大長篇小說（紅塵）照片類中。而今在台同學只有兩位了。

民國二十八年（一九三九）九月我以軍官、記者雙重身分，奉派到第三戰區最前線的第三十

二集團軍上官雲相總部所在地，唐宋八大家之一，又是大政治家王安石，尊稱王荊公的家鄉臨川，（屬撫州市）作軍事記者，時年十九歲，因第一篇戰地特寫《臨川新貌》經第三戰區長官都主辦的行銷甚廣的《前線日報》發表，隨即由淪陷區上海市美國人經營的《大美晚報》轉載，而轉爲文學創作，因我已意識到新聞性的作品易成「明日黃花」，文學創作則可大可久，我爲了寫大長篇《紅塵》、六十四歲時就請求提前退休，學法出身的秘書長何宜武先生大惑不解，他對我說：

「別人想幹你這個工作我都不給他，你爲什麼要退？」我幹了十幾年他只知道我是個奉公守法的張萬熙，不知道我是「作家」墨人，有一次國立師範大學校長劉真先生告訴他張萬熙就是墨人，劉校長看了我在當時的「中國時報」發表的幾篇有關中國文化的理論文章，他希望我繼續寫，劉校長真是有心人。沒想到他在何宜武秘書長面前過獎，使我不能提前退休，要我幹到六十五歲多四個月才退了下來。現在事隔二十多年我才提這件事。鼎盛時期的（台灣新生報）連載四年多的拙作《紅塵》出版前三冊時就同時獲得新聞局著作金鼎獎和嘉新文化基金會「優良著作獎」，劉真校長也是嘉新文化基金會的評審委員之一，他一定也是投贊成票的。「世有伯樂而後有千里馬」。我九十二歲了，現在經濟雖不景氣，但我還是重讀重校了拙作「全集」我一向只問耕耘，不問收穫，我歷任軍、公、教三種性質不同的職務，經過重重考核關卡，寫作七十三年，經過編者的考核更多，我自己從來不辦出版社。我重視分工合作。我頭腦清醒，是非分明，歷史人物中我更敬佩遠祖張良，不是劉邦。張良的進退自如我更歎服。在政治角力場中要保持頭腦清醒，人性尊嚴並非易事。我們張姓歷代名人甚多，我對遠祖張良的進退自如尤爲歎服，因此我將民國四

十年在台灣出生的幼子依譜序取名選良。他早年留美取得化學工程博士學位，雖有獎學金，但生活仍然艱苦，美國地方大，出入非有汽車不可，這就不是獎學金所能應付的，我不能不額外支持，他取得化學工程博士學位與取得材料科學碩士學位的媳婦蔡傳惠雙雙回台北探親，且各有所成，幼子曾研究生產了飛機太空船用的抗高溫的纖維，媳婦則是一家公司的經理，下屬多是白人，兩孫亦各有專長，在台北出生的長孫是美國南加州大學的電機碩士，在經濟不景氣中亦獲任工程師，我不要第三代走這條文學小徑，是現實客觀環境的教訓，我何必讓第三代跟我一樣忍受生活的煎熬，這會使有文學良心的人精神崩潰的。我因經常運動，又吃全素二十多年，九十二歲還能連寫四、五小時而不倦。我寫作了七十多年，也苦中有樂，但心臟強，又無高血壓，一是得天獨厚，二是生活自我節制，我到現在血壓還是60－**110**之間，沒有變動，寫作也少戴老花眼鏡，走路仍然「行如風」，十分輕快，我在國民大會主編《憲政思潮》十八年，看到不少在大陸選出來的老代表，走路兩腳在地上蹉跎，這就來日不多了。個人的健康與否看他走路就可以判斷，作家寫作如在八十歲以後還不戴老花眼鏡，沒有高血壓，長命百歲絕無問題。如再能看輕名利，不在意得失，自然是仙翁了。健康長壽對任何人都很重要，對詩人作家更重要。

一九九〇年我七十歲應邀訪問大陸四十天作「文學之旅」時，首站北京，我先看望已九十高齡的老前輩散文作家，大家閨秀型的風範，平易近人，不慍不火的冰心，她也「勞改」過，但仍心平氣和。本來我也想看看老舍，但老舍已投湖而死，他的公子舒乙是中國現代文學館的副館長，他也出面接待我，還送了我一本他編寫的《老舍之死》，隨後又出席了北京詩人作家與我的座談

會，參加七十賤辰的慶生宴，彈指之間卻已二十多年了。我訪問大陸四十天，次年即由台北「文史哲出版社」出版照片文字俱備的四二五頁的《大陸文學之旅》。不虛此行。大陸文友看了這本書的無不驚異，他們想不到我七十一高齡還有這樣的快筆，而又公正詳實。他們不知我行前的準備工作花了多少時間，也不知道我一開筆就很快。

我拜會的第二位是跌斷了右臂的詩人艾青，他住協和醫院，我們一見如故，他是浙江金華人，卻體格高大，性情直爽如燕趙之士，完全不像南方金華人。我們一見面他就緊握著我的手不放，侃侃而談，我不知道他編《詩刊》時選過我的新詩。在此之前我交往過的詩人作家不少，沒有像他如此豪放真誠，我告別時他突然放聲大哭，陪我去看他的北京新華社社長族侄張選國先生，陪我四十天作《大陸文學之旅》的廣州電視台深圳站站長高麗華女士，文字攝影記者譚海屏先生等多人，不但我爲艾青感傷，陪同我去看艾青的人也心有戚戚焉，所幸他去世後安葬在八寶山中共要人公墓，他是大陸唯一的詩人作家有此殊榮。台灣單身詩人同上校軍文黃仲琮先生，死後屍臭才有人知道，他小我二歲，如我不生前買好八坪墓地，連子女也只好將我兩老草草火化，這是與我共患難一生的老伴死也不甘心的，抗日戰爭時她父親就是我單獨送上江西南城北門外義山土葬的。這是中國人「入土爲安」的共識。也許有讀者會問這和文學創作有什麼關係？但文學創作不是單純的文字工作，而是作者整個文化觀、文學觀，人生觀的具體表現，不可分離。詩人作家不能「瞎子摸象」，還要有「舉一反三」的能力。我做人很低調。寫作也不唱高調，但也會作不平之鳴、仗義直言。我不鄉愿，我重視一步一個腳印，「打高空」可以譁眾邀寵於一時，但「旁觀

者清」，讀者中藏龍臥虎，那些不輕易表態的多是高人。高人一旦直言不隱，會使洋洋自得者現出原形。作品一旦公諸於世，一切後果都要由作者自己負責，這也是天經地義的事。

我寫作七十多年無功無祿，我因熬夜寫作頭暈住馬偕醫院一個星期也沒有人知道，更不像大陸的當代作家、詩人是有給制，有同教授的待過，而稿費、版稅都歸作者所有。依據民國九十八年一月十日「中國時報」A十四版「二〇〇八年中國作家富豪榜單」二十五名收入人民幣的數字統計，第一高的郭敬明一年是一千三百萬人民幣，第二名鄭淵潔是一千一百萬人民幣，第三名楊紅櫻是九百八十萬人民幣。最少的第二十五名的李西閩也有一百萬人民幣，以人民幣與台幣最近的匯率近一比四・五而言，現在大陸作家一年的收入就如此之多，是我一九九〇年應邀訪問大陸四十天作文學之旅時所未想像到的，而現在的台灣作家與我年紀相近的二十年前即已停筆，原因之一是發表出版兩難，二是年齡太大了。民國九十八年（二〇〇九）以前就有張漱菡（本名欣禾）、尹雪曼、劉枋、王書川、艾雯、嚴友梅六位去世，嚴友梅還小我四、五歲，小我兩歲的小說家楊念慈則行動不便，鬍鬚相當長，可以賣老了。我托天佑，又自我節制，二十多年來吃全素，又未停止運動，也未停筆，最近在台北榮民總醫院驗血檢查，健康正常。我也有我的養生之道，每天吃枸杞子明目，吃南瓜子抑制攝護腺肥大，多走路、少坐車，伏案寫作四、五小時而不疲倦，此非一日之功。

民國九十八（二〇〇九）己丑，是我來台六十周年，這六十年來只搬過兩次家，第一次從左營搬到台北大直海軍眷舍，在那一大片天主教白色公墓之下，我原先不重視風水，也無錢自購住

宅，想不到鄰居的子女有得神經病的，有在金門車禍死亡的，大人有坐牢的，有槍斃的，也有得神經病的，我退役養雞也賠光了過去稿費的積蓄，讀台大外文系的大兒子也生病，我則諸事不順，直到搬到大屯山下坐北朝南的兩層樓的獨門獨院自宅後，自然諸事順遂，我退休後更能安心寫作，遠離台北市區，真是「市遠無兼味，地僻客來稀。」同里鄰的多是市井小民，但治安很好，誰也不知道我是爬格子的，連警察先生也不光顧舍下，除了近十年常有人打電話來騙我，幸未上大當外，我安心過自己的生活。當年「移民潮」去不了美國的也會去加拿大，我是「美國人」的祖父，我不移民美國，更別說去加拿大了。娑婆世界無常，早年即移民美國的琦君（本名潘希真）、彭歌，最後還是回到台灣來了，這不能說台灣是「天堂」，以我的體驗而言是台北市氣候宜人，夏天三十四度以上的日子少，冬天十度以下的日子也很少，老年人更不能適應零度以下的氣溫，我只有冬天上大屯山、七星山頂才能見雪。有高血壓、心臟病的老人更不能適應。我不想做美國公民，做台灣平民六十多年，也沒有自卑感。

娑婆世界是一個無常的世界，天有不測風雲，人有旦夕禍福，老子早說過：「福兮禍所倚，禍兮福所伏。」禍福無門，唯人自招。我一生不起歪念，更不損人利己，與人爲善。雖常吃暗虧，只當作上了一課。這個花花世界是我學不完的大教室，萬丈紅塵其中也有黑洞，我心存善念，更不造文字孽，不投機取巧，不違背良知，蒼天自有公斷，我本著文學良心寫作，盡其在我而已，讀者是最好的裁判。

民國一〇〇年（二〇一一）辛卯七月二十九日下午六時二十三分於紅塵寄廬

1951 年墨人 31 歲與夫人曾麗春女士（30 歲）結婚十周年紀念合影於左營

墨人博士七十壽辰與夫人曾麗春女士合影。此照為大翻譯家、文學理論家黃文範先生所攝，並在照片背後題「南山北海惟仁者壽」。

民國二十九年(1940)作者墨人在江西南城戎裝照。

1939 年墨人即自戰時陪都四川重慶奉派至江西臨川王安石家鄉，第三戰區前線任軍事記者創辦軍報，提供抗日官兵精神食糧。時年 19 歲。

2010 年「五四」作者墨人 91 歲在花蓮和南寺家人合影

2003 年 8 月 26 日作者墨人（中）在含鄱口觀山景點與作者長女韻華、長子選翰、三女韻湘、二女韻真合影。

2005 年 2 月作者次子選良（右一）回台北與父（右二）及作者夫人（中）三女韻湘（左二）二女韻真（左一）合影。

作者墨人在書房留影，時年八十五歲。

《墨人博士大長篇小說〈紅塵〉法文譯本封面照片》

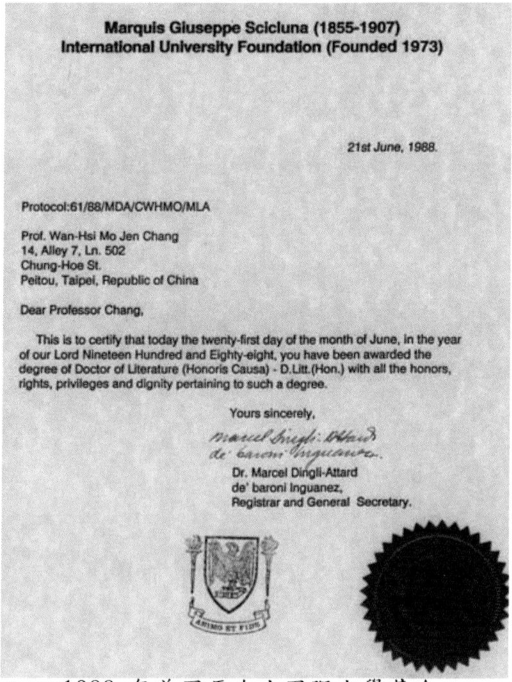

Marquis Giuseppe Scicluna (1855-1907)
International University Foundation (Founded 1973)

21st June, 1988.

Protocol:61/88/MDA/CWHMO/MLA

Prof. Wan-Hsi Mo Jen Chang
14, Alley 7, Ln. 502
Chung-Hoe St.
Peitou, Taipei, Republic of China

Dear Professor Chang,

This is to certify that today the twenty-first day of the month of June, in the year of our Lord Nineteen Hundred and Eighty-eight, you have been awarded the degree of Doctor of Literature (Honoris Causa) - D.Litt.(Hon.) with all the honors, rights, privileges and dignity pertaining to such a degree.

Yours sincerely,

Dr. Marcel Dingli-Attard
de' baroni Inguanez,
Registrar and General Secretary.

ANIMO ET FIDE

1988 年美國馬奎士國際大學基金會，授予張萬熙墨人教授榮譽文學博士學位證書。

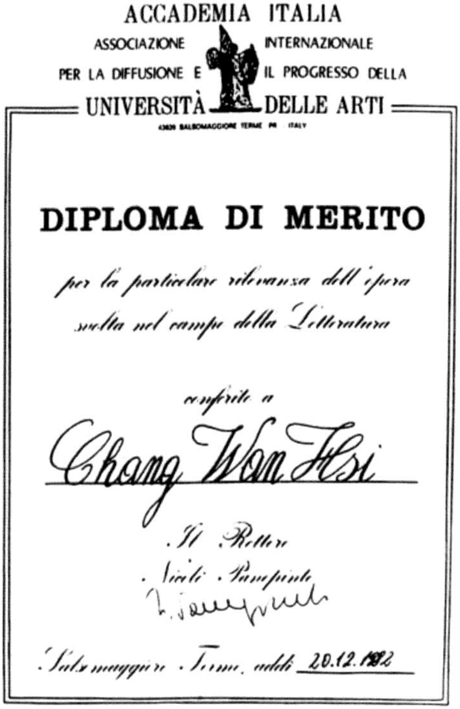

ACCADEMIA ITALIA
ASSOCIAZIONE INTERNAZIONALE
PER LA DIFFUSIONE E IL PROGRESSO DELLA
UNIVERSITÀ DELLE ARTI

DIPLOMA DI MERITO

per la particolare rilevanza dell'opera svolta nel campo della Letteratura

conferito a

Chang Wan Hsi

Il Rettore
Nicola Pampinto

Salsomaggiore Terme, addì 20.12.1982

義大利出版英、法、德、義四種文字的「國際文學史」的 ACCADEMIA ITALIA, 1982 年授予墨人的文學功績證書。

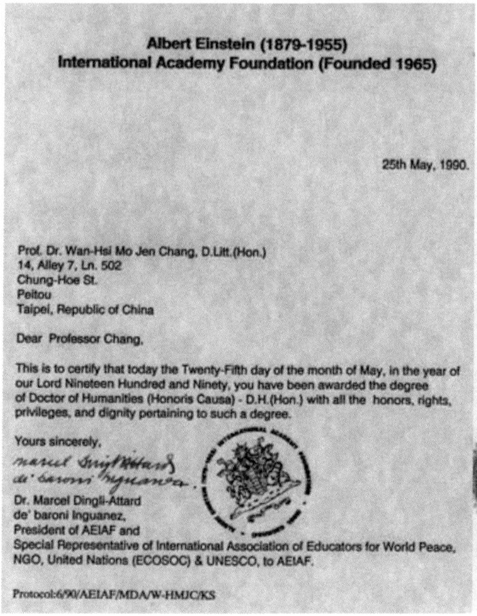

Albert Einstein (1879-1955)
International Academy Foundation (Founded 1965)

25th May, 1990.

Prof. Dr. Wan-Hsi Mo Jen Chang, D.Litt.(Hon.)
14, Alley 7, Ln. 502
Chung-Hoe St.
Peitou
Taipei, Republic of China

Dear Professor Chang,

This is to certify that today the Twenty-Fifth day of the month of May, in the year of our Lord Nineteen Hundred and Ninety, you have been awarded the degree of Doctor of Humanities (Honoris Causa) - D.H.(Hon.) with all the honors, rights, privileges, and dignity pertaining to such a degree.

Yours sincerely,

Dr. Marcel Dingli-Attard
de' baroni Inguanez,
President of AEIAF and
Special Representative of International Association of Educators for World Peace, NGO, United Nations (ECOSOC) & UNESCO, to AEIAF.

Protocol:6/90/AEIAF/MDA/W-HMJC/KS

1990 年美國愛因斯坦國際學院基金會授予張萬熙墨人教授榮譽人文學（含哲學文學藝術語言四種）博士學位

WORLD UNIVERSITY ROUNDTABLE
In Corporate Affiliation with the World University

Greetings

In recognition of Distinguished Achievement within the principles and purposes of the World University development, the Trustees of the Corporation, upon the nomination of the Secretariat, confer doctoral membership and this honorary award upon

Chang Wan-Hsi (Mo Jen)

The Cultural Doctorate in Literature

with all rights and privileges there to pertaining.

Witness our hand and seal at the
International Secretariat
Regional Campus, Benson, Arizona
April 17, 1989

President of the Board of Trustees
Secretary of the Board of Trustees

1989 年美國世界大學授予張萬熙墨人榮譽文學博士學位，文化大學創辦人張其昀（曉峰）先生亦獲此榮譽。

THIS PICTORIAL TESTIMONIAL OF ACHIEVEMENT AND DISTINCTION
proclaims throughout the world that
DR. CHANG WAN-HSI (MO JEN)
is the recipient of the above-mentioned Honour, granted by the Board of Editors of the
2000 OUTSTANDING SCHOLARS OF THE 20TH CENTURY
meeting in Cambridge, England, on the date set out below,
and that the Board also resolves that a portrait photograph of
DR. CHANG WAN-HSI (MO JEN)
be attached to this Testimonial as verification of the Honour bestowed.
2000 OUTSTANDING SCHOLARS OF THE 20TH CENTURY
First Edition
Signed and sealed on the
14th December 1999
Authorized Officer

1999 年 10 月張萬熙墨人博士榮登英國劍橋國際傳記中心《二十世二千位傑出學者》第一版證書。

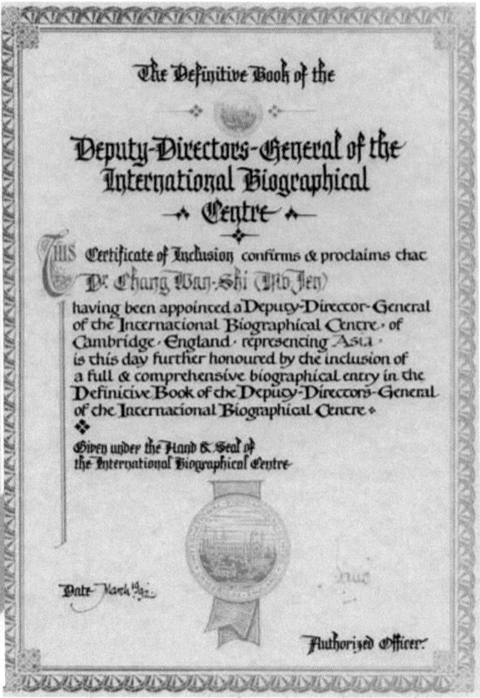

The Definitive Book of the
Deputy-Directors-General of the International Biographical Centre
This Certificate of Inclusion confirms & proclaims that
Dr. Chang Wan-Shi (Mo Jen)
having been appointed a Deputy-Director-General of the International Biographical Centre, of Cambridge, England, representing Asia, is this day further honoured by the inclusion of a full & comprehensive biographical entry in the Definitive Book of the Deputy-Directors-General of the International Biographical Centre.
Given under the Hand & Seal of the International Biographical Centre
Date
Authorized Officer

1992 英國劍橋國際傳記中心（I.B.C.）任張萬熙墨人博士為代表亞洲的副總裁。

THE INTERNATIONAL SHAKESPEARE AWARD
FOR LITERARY ACHIEVEMENT
This Illuminated Certificate of Merit commemorates and celebrates the life and work of
Dr. Chang Wan-Hsi (Mo Jen) DDG
and is therefore a rightful recipient of the Shakespeare Award for Literary Achievement and as such stands testament to the efforts made by said individual in the arena of
Poetry, Novels and the Humanities
Witnessed on the date set out below by the Officers of the International Biographical Centre at its Headquarters in Cambridge, England and signed by the Director General and Editor-In-Chief.
16th March 2009
Director General
Editor-In-Chief

2009 年 3 月 16 日英國劍橋國傳記中心總裁與總編輯聯合授予張萬熙墨人博士國際莎士比亞文學成就獎。

International Biographical Centre Cambridge CB2 3QP England
Telephone: +44 (0) 1353 646600 Facsimile: +44 (0) 1353 646601

IBC

REF: LAA/MED/MW-13640

13 November 2002

Dr Chang Wan-Hsi (Mo Jen) DDG
14 Alley 7, Lane 502
Chung Ho Street
Peitou
Taipei
Taiwan

Dear Dr Chang

Please find enclosed the Medal in respect of the **Lifetime Achievement Award** which I hope meets with your approval.

Yours sincerely

MICHELLE WHITEHALL
Personal Assistant to the Director General

Enc

英國劍橋國傳記中心(I.B.C.)2002 年頒發詩人作家張萬熙（墨人）博士終身成就獎，英文信及金牌正反面照片墨人早年即被 I.B.C.推選為副總裁。

環繞地球心影 目次

墨人博士作品全集總目……一
墨人的一部文學千秋史……三
墨人博士作品全集總序……一一

上集

環繞地球心影……三一
羅馬掠影……四一
藝術之都……五三
富人天堂——瑞士……五七
西雅奈與比薩斜塔……六一
威尼斯之旅……六八
單城記——巴黎走筆……八○
藍天・白雲・春雪・丹麥……九○
江戶・皇宮・御苑……九四
秋遊北海道……一○五
韓國行……一一二

下集

知命樂天……一二五
烽火餘生……一二七
癌症打不倒的人……一四九
風雪歸人……一五三
痴人說夢……一五九
花　市……一六三
雨後溪頭……一六九
歲暮兩人行……一七三
近水知魚性……一八○
浮生小趣……一八四

往日師友……一八八
人性差異……一九一
戌年話狗……一九四
閒適的心情……一九九
因禍得福……二〇四
名利得失寸心間……二〇九
墨人博士著作書目……二一三
墨人博士創作年表……二二二

上 集

環繞地球心影

拉丁情人

在白種人中，義大利人是屬於拉丁民族，一般體型都不算高大，和我們中國人相差不多。但是他們的皮膚白淨，顏面狹窄，而鼻子相當高挺，尤其是從側面看，比較突出。因此女人的臉型多半像我們中國人所形容的「瓜子臉」，其實比「瓜子臉」還要瘦長一點，這種臉型屬於美人臉型，所以義大利畫家、雕塑家筆下刀下的聖母像和維納斯像都是這種臉型。這是那些藝術大師們「就地取材」的關係。Giotto 的「聖母升座」如此，Simone Martini 的「報佳音」如此，Gentile da Fabriano 的「三賢人的崇拜」如此，Raphael的「戴面紗的女人」如此，Sandro Botticilli 的「維納斯的誕生」以及「春天的寓意」更是如此。尤其是Sandro Botticilli ，他不僅表現了造型美，更表現了維納斯沈靜的性格和略帶憂鬱的神情，這種女性氣質和內心感情的表現，真是大

師的傑作，確非凡品。聖母也好，維納斯也好，都是有血有肉的義大利女性的神化，美的象徵。

義大利女人不但臉型美，身材也很適中，既不纖弱，也不粗獷，健美中又透出一股東方女性的靈秀之氣，藝術大師Sandro Botticilli 最能把握住這種特質，所以他的作品不同凡響。

義大利人活潑、熱情、輕鬆、幽默，能言善道，容易與人相處，在街頭、公共場所，不難發現青年男女親熱鏡頭，而且多由女方主動，但她們往往是蜻蜓點水式的在男的臉上嘴上輕輕一吻，絕無肉麻過火的動作，這實在是一種生活藝術，與過去中國男女眉目傳情有異曲同工之妙。

義大利男人臉型也窄，鼻子高挺，但幾乎人人都有一臉大鬍子，不過現在一般人都將臉頰上的鬍子刮得乾乾淨淨，但滿臉青青的鬍樁十分明顯。所以義大利的大師們的作品，不論是雕刻也好、壁畫也好，幾乎所有男性都是滿臉于思（青年男性的雕像例外）。

義大利的男人多是調情聖手，在我們參觀西雅奈（Siena）時，我們車上有一位五十上下的導遊，長像身材和墨索里尼都很相像（這可能是拉丁人和其他少數民族的混血

種，皮膚暗黃，顏面較寬，與黃種人相近），他對陪同我們參觀的國際傳記中心的女職員某小姐，眞有一手。這位小姐是英國人，已婚，待人接物很有分寸，可是他却哄得她團團轉，說東就東，說西就西，說進咖啡店就進咖啡店，彷彿着了魔似的。大家都笑罵這位導遊「老不修」，「眞有一手。」可是他却若無其事。

難怪很多外國遊客都說義大利男人是「拉丁情人」，其實義大利女人是更理想的「拉丁情人」。

外國人情味

我們常自詡爲禮義之邦，人情味濃厚。如果時光倒流三五十年，我們應當之無愧。可是時至今日，一切變動太快、太大，尤其是文化方面的衝擊，我們往往失去了自己的精華，吸取了人家的糟粕，民國以來，在這方面我們的損失太大、太大！不出國門，沒有比較，出國之後，冷靜的觀察，和親身的感受，覺得在文化教養和國民道德方面，我們應該反省的地方很多。

在國外的第一件事自然是請脚夫推行李，問路。在推行李方面，除了在紐約碰了黑人的釘子之外，可以說非常順利友好。

三月三十日我們從倫敦飛紐約，到機場通過檢查後，也想像在歐洲許多機場一樣，自己拿車子推，但是紐約不同，推行李好像是黑人的專利。當一位黑人向我兜攬時，我一方面想看看出口，一方面想自己推，說聲「等一會」，他便坐到一邊去了。等我弄清出口方向之後，自己想找推車時却找不到，再叫那位黑人推時，他却帶唱帶叫地說：

「你回倫敦去好了，不要到紐約來！」

我只好叫另一位黑人推出去。這位黑人雖然照推，可是當我給他一塊美金小費時，他却伸出兩個指頭說：

「兩塊！」

我只好照給。

在歐洲，脚夫從來不爭小費，普通四五毛美金的小費足夠。在義大利Mestre 車站，我隨便給了那個脚夫一點小費，他看見後，說多了，隨即把多餘的錢退給我。不但如此，後來火車臨時更改月台，我還不知道，他又從車站跑過來，把我們的行李從五號月台提回一號月台，一文不收，而且很有禮貌，十分自然，一點也不做作。從這些地方不難看出義大利人的教養。這個中年脚夫不過是市井之徒，他所表現的却是上流社會的紳士風度。

至於問路，義大利人是有問必答，相當客氣。法國人亦復如此。有一次我在巴黎地下鐵道轉車，轉來轉去，並不清楚方向，問一位年輕人，他一邊說一邊帶着我走，起先我以爲他和我同路，想不到他把我引到轉車的地方，自己却朝另一方向行走。他是特地爲我帶路的。

在倫敦，更有一件使我深爲感動的事。

我自小就討厭英國人，因爲那時英國兵艦在長江流域長驅直入，英國水兵上岸和我們賽球時更是氣勢洶洶，完全不把我們中國人放在眼裏。加上英國人在外交上對我一直不友好，我們吃英國人的虧很多，因此，一直以爲英國人陰險勢利。這次初到倫敦，却使我完全改變了對英國人的印象。

一天上午我帶着地圖逛街，發現有不少二三層漂亮的住家樓房出售，一時好奇，便停在一個街口轉角處看看那座標售的樓房。忽然有人在我肩上輕輕一拍：

「What can I do for you？」

我回頭一看是一位七十左右的老年人，他十分友善地問我有什麼需要他幫忙的地方沒有，我謝謝他，說沒有。他又熱心地替我指路，告訴我那一路車到什麼地方？不厭其詳，他知道我確實不需要他幫忙時才慢慢走開。

本來在佛羅倫斯開會期間，國際傳記中心的英國職員對我們都很友好，這一次來倫敦，這位毫不相干的老先生又如此熱忱，使我不能不改變對英國人的看法。可見政府是政府，人民是人民，政府的作爲不能完全代表民心民性。

丹麥也是一個同我們沒有邦交的國家，平時更沒有同丹麥人打過交道。三月底到哥本哈根，因事到郊外找一位駐外人員，誰知道此君早已遷離，連電話號碼都沒有留給房東。這位房東是位寡婦，有三個小孩，她知道我是遠客，十分熱情客氣，她沒有辦法找到某君，便親自開車送我到郵局，因爲她知道某君在郵局租了一個信箱，他會去郵局取信。她把我送到郵局，問郵局小姐某君什麼時候來取信？郵局小姐告訴她每天早晨，這時已是下午，沒有辦法找到某君，她便留張條子給某君，說明經過，隨後又開車送我們到火車站。

我實在不知道怎樣感激她？我請她到臺灣來玩，她感傷地說：

「我雖然想去臺灣，但是我丈夫去世了，孩子太小，走不開。」

我只好欠下這筆人情債。

歐洲人的自信與自尊

歐洲的歷史文化，雖然沒有我們中國悠久，但歐洲人十分重視他們自己的歷史文化。今天的義大利是歐洲的破落戶，但他們不像我們的破落戶子弟，先把祖宗的書畫骨董偷出去賣，賣到最後，連瓦片青石板也撬去賣。

今天我們流落在外國的珍品不知道有多少？義大利就保存了我們一部孤本醫書。義大利人不然，借債也要整修保存他們的歷史文化，羅馬競技場如此，教堂博物館亦復如此，而且整修得一模一樣，決不擅自更改。今天在義大利不但可以看到文藝復興時期藝術大師們的作品，乃至他們的墳墓碑文，連從埃及搬回來的大石柱子仍然完整如初地豎立在許多著名的廣場上。今天的義大利，雖然窮，雖然亂，可是你一看到他們的建築雕刻，看到他們的文物，你就會想起他們光輝的歷史，想起羅馬雄風，而義大利人也以此自傲，而且充滿信心。在義大利看不到「美化」、「日化」，他們表現的是自己的歷史文化，一種十分生動具體的歷史文化，義大利人看了會產生信心，外國人看了會肅然起敬。

義大利人雖窮，雖然伸手向美國人要錢，可是他們還是瞧不起美國人。在義大利，

凡是看見揹着背包，留着長髮，服裝不整的青年白人男女，那一定是美國人。美國青年人最不講究穿着，飲食也很簡單，沒有歐洲人的紳士派頭。義大利人雖像破落戶子弟，但還有世家子弟的遺風。義大利雖有披頭，也有青年人吸毒，但他們不承認那是義大利人，他們會說：「那是他們美國人！」

不管是幽默也好，解嘲也好，我們可以看出義大利人的自信與自尊，他們絕對不以美國人爲榮，自然更不會學美國人，這和我們恰好相反。

法國人的自尊心和自信心更強。當初戴高樂和北約鬧彆扭，和美國人唱反調，我們還以爲那是戴高樂的個人英雄主義作祟，或者是法國人有點夜郎自大。但是到了法國，看過羅浮宮、看過凡爾賽宮、看過拿破崙博物館、兵器館、凱旋門，登上鐵塔之後，就會覺得那不是戴高樂的個人英雄主義，也不是法國的夜郎自大，而是他們的歷史文化在支持他們，使他們敢於表現自己，敢說「不」字！

出國之前，我就聽說過法國人不歡喜外國人講英語，但我沒有親身體會過，有很多事是耳聞不如目見。譬喻說，義大利人的名聲不大好，有的傳聞更糟，使我把羅馬視爲畏途；有人說瑞士人驕傲，瞧不起東方人，可是親臨其境之後，我自己的觀感却大不相同。同樣的，我向法國青年人問路，也沒有遭遇困難，因此我對於「法國人不歡喜外國

人講英語」便掉以輕心，但我在巴黎鐵塔上却受到教訓，當我問一位管理鐵塔的中年法國人怎樣下去時，他却正言厲色地用英語對我說：

「不要講英語！」

然後一面用法語告訴我，一面指着出口教我搭電梯。

英語現在幾乎成爲世界語，但是在法國却不吃香，在義大利也淪爲第四位，義大利語言依序是：義大利語、法語、德語、英語。

在帝俄時代，俄國貴族和上流社會以講法語學法文爲榮。今天我們也以講英語學英文爲榮，反而輕視自己的語言，輕視自己的文學，彷彿我們是文化落後地區。法國人却不如此，他們以自己的歷史文化爲榮。

日本人間國寶

日本工商業發達，不僅是亞洲的「經濟大國」，也是世界「經濟大國」，去年日本在外貿方面賺了九十多億美金，光賺臺灣的就高達十六億美金。他們賺的這些錢是不是都用於工商業的再投資？不然，他們用於教育文化方面的很多，連小學教員也資送出國考察。

日本人對於文化資財的重視，非我們所能想像，文部省設有「文化財保護委員會」，專司其事。有形的文化財爲書、畫、雕刻、陶瓷、刀、劍……等等，都視爲國寶，除妥爲保存外，還不斷蒐集發掘，而且不僅以日本原有者爲限，中國的典籍文物，也當作日本國寶，日本人所保存我國的文物，有些比我們自己所保存的還多。如李時珍的「本草綱目」原本，就在他們手中，臺灣一般圖書館所有的中國碑帖，十之七八都是日本出版的。

有形的文化財日本人固然十分重視，無形的文化財如工藝、鍛冶、織造……等等，政府都撥款補助，獎勵傳授後進，保存傳統技藝，凡傑出技藝人才，政府都視爲「人間國寶」，優禮有加。

至於日本文人，更是天之驕子，人人敬重。學文學的人受人重視，教文學的人更受重視，有些著名的文學教授不必經常上課，只是偶爾作作專題指導、講演，連文部省的官員有些也不必天天上班，可以在家裏研究計畫，而他們的待遇都很好。

日本作家的收入十多年來一直居於高位，除少數大實業家外，要以作家的收入最多了。今年日本全國稅務署發表的稅收統計，松本清張是三三四六一萬日圓，約合四千萬臺幣，第二名司馬遼太郎三三〇三二萬日圓，亦近四千萬臺幣，連居第十位的高木彬光

立也有八七九九萬日圓，合臺幣一千萬以上。作家收入這麼豐富，經濟地位如此之高（影星歌星棒球明星望塵莫及），誰不尊敬？作家可以笑傲公卿（首相收入遠不如作家），政府亦以他們為榮，日本作家真是天之驕子。

我國留日學生沈先生夫婦，是翻譯描作長篇小說「白雪青山」的日本講師兵頭和美介紹認識的。沈先生告訴我他在國內是學電腦的，到日本後他却改學文學，當時他自己的父母和岳父母都極力反對，生怕他將來餓飯。

「他們是以國內的眼光看文學。」沈先生說：「我對於我自己的改行一點也不後悔，一方面符合我的志趣，一方面不愁生活，而且寫作是最好的職業，作家人人尊敬，我為什麼不學文學？」

他現在正攻讀博士學位，對現在的生活十分滿意，對自己的前途充滿信心。

「經濟大國」的日本文學如此發達，而在經濟方面不如日本、甚至不如我們的韓國，又是怎樣呢？這次我沒有去韓國，不敢信口雌黃。但據行政院新聞局國際宣傳處戴處長瑞明先生告訴我，韓國政府補助作家生活費，每月合臺幣一萬多元，使他們的作家能安心寫作，特附記於此，以作本文結尾。

一九七七（民國六十六年）於台北

羅馬掠影

羅馬啊！我的國度！靈魂的城市！
心靈的孤兒必須投入你的懷抱。
消逝了的帝國孤零的母親，
他們的哀怨都儲藏在你的胸膛裡。
我們的嫉恨和愁苦是什麼呢？
請來看那些柏樹，聽那些梟鷹，
然後踏着寶座和殿堂的殘跡走去，
噢！他們的痛苦是當時的罪惡。
一個世界就在你的腳下，
和泥土般的脆弱。

——拜倫

按照航空公司的時間表，下午一時從臺北起飛，第二天早晨七時就可以抵達羅馬。起初我以爲很快，晚上在飛機上睡一覺就到羅馬了，沒想到這之間有七小時的時差，我的錶沒有調整，到羅馬已是臺北下午兩點了。除掉香港、曼谷、孟買換機的時間，足足飛了二十小時以上。

羅馬機場到羅馬市區有三四十公里，尹沅先生起了一個大早來接我們。不但機場冷冷清清，沿途車輛也很少。在飛機上鳥瞰羅馬，那一棟棟紅瓦、巨石砌成的整齊美麗雄偉的房屋，使我觀感一新。以前我沒看過這樣美的城市。車輛進入市區之後，看的更加清楚，房子固然雄偉壯觀，街道樹尤其美麗，那些形狀如蕈如傘的巨松（不是柏樹）也是別的城市所沒有的。羅馬的房屋並不高，大多是四層樓房，但都是用巨石砌成的，所以顯得特別厚實雄偉，加上到處是大理石的英雄雕像，高大的石柱、噴泉、廣場，使這個城市不同凡響。

我們下榻鳳凰旅社。

羅馬大約有兩千五百年到兩千七百年歷史，是由拉丁民族建立的。羅馬是丘陵地，街道高高低低，起起伏伏，（但坡度沒有重慶大）錯落有致。當初拉丁人從提伯里河（亦稱泰伯河）左岸登陸後，卽依七個丘陵建立村莊，久而久之，發展成爲城市，而訂有

七丘聯盟，當時的聯盟總部即現在的羅馬市政廳。後來曾爲文化水準較高的厄特魯斯人一度征服。

一八七〇年義大利統一之後，定羅馬爲首都。

意大利是個馬靴形的半島，羅馬適在其中，氣候良好，人文薈萃。羅馬以南，地瘠民貧；羅馬以北，物產豐富，文化水準亦高。羅馬不僅是政治上的首都，也是天主教的「永恆之城」。

羅馬的宗教氣氛特別濃厚，大小教堂有四百多所，所有偉大的建築、雕刻，幾乎都是教堂，都在教堂。

「天神之后聖瑪利亞大教堂」是義大利的國家教堂，一〇八公尺長，二十四公尺寬，二十五公尺高，雖不是最大最雄偉的教堂，但地位却極崇高，而主持這一教堂的却是我國山東籍王克祿蒙席。據王先生說此教堂前身爲「翟氏浴場」，共有十三萬方公尺大，可供三千二百餘人同時沐浴，分冷水、溫水、熱水三種，此外尚有室內運動場、室外遊樂場、圖書館、大禮堂，可見羅馬人之奢侈。

古羅馬人以逸樂亡國後，浴場即遭廢棄，現在我們還可以看見部份遺跡。一五六一年教宗庇護四世聘米蓋朗基羅設計改建爲教堂，一五六四年米氏去世，一五六六年由其

他工程師按圖完成。舉凡政府重要典禮，如國王婚禮等均在此舉行。意大利名人死後亦多葬於此。

其他著名教堂有聖瑪利亞勝利教堂、天廳聖瑪利亞教堂、聖安德助教堂、聖科斯馬和達美亞教堂、羅馬聖女方濟各教堂、聖伯多祿鐵鍊教堂、上智之座聖瑪利亞教堂、萬神廟、聖安德助佛來特教堂、人民聖瑪利亞教堂、眞理之口與聖瑪利亞修飾教堂……。

我爲什麼舉出這些教堂的名字？因爲羅馬文化可以說是宗教文化，所有著名的大理石建築、雕刻，乃至繪畫，莫不以宗教故事爲中心，兼及英雄美人，藝術大師米蓋朗基羅如此，達文西、拉菲爾、貝尼尼等亦如此。

看了羅馬的建築、雕刻，就不能不佩服意大利人的魄力和聰明才智。那些不知有多少噸重的大理石柱，究竟是怎麼豎起來的？又怎麼一個個架上去的？那些高而大的圓頂上的畫，又是怎麼畫上去的？那些牆壁上的巨大的大理石像又是怎樣雕刻的？而且刻得微妙維肖，纖毫畢露。大理石到底不是木頭，需要多大的功力？眞是不可想像。不過就題材而論，多侷限於宗教故事，難免千篇一律。在人物雕刻方面，則強調男性美，裸體美，男性多是魁梧其偉的力士、英雄。以意大利男人的體型來講，他們並不高大魁梧，如果同日耳曼、安格魯撒克遜男性相比，他們還顯得相當文弱。以我一七〇的身高，在

意大利男人當中常當出人頭地。當然他們也有長人，但那是少數，相反地，身高不到五尺的矮胖子還更多。意大利的那些藝術大師把意大利的男人雕刻得那麼雄偉，可能是心理上的自我滿足，一種缺陷的補償。唯一能代表男性美的，是意大利人的胳腮鬍子，幾乎沒有一個男人不是滿臉于思。我覺得意大利男人是調情聖手，是出色的雕刻家、藝術家、音樂家、文學家，而不是一個好戰士、眞英雄，更不夠格作共產黨。所以墨索里尼的英雄主義在意大利不能成功，因爲他缺少視死如歸，唯命是從的好戰士。同樣的，共產主義在意大利也不會有多大的前途，因爲意大利人愛好自由、愛好享受，講究生活情趣，雖然現在工會都掌握在共產黨手裏，但意大利人並不歡喜共產黨。意大利雖窮，意大利的生活享受却很不錯，因爲他們的勞工保險制度很好，不愁生活，不愁失業，所以意大利人的生活優哉游哉，而且懂得生活情趣，講究穿着，男人西裝革履，女人多穿毛皮大衣，長統皮鞋，風格優雅。他們不像美國人那麼緊張，商店上午九點才開門，下午一點到四點休息，晚上七點半打烊，縱然有千萬生意在門口等着，他們也絕不開門做這筆生意，連一般郵政局每天也只工作五個小時——上午九時至下午二時。最妙的是，如果罷工或其他事情積壓了太多的郵件，他們乾脆放把火燒掉，免得處理。作事效率之低，也是少見，因爲他們總是那麼懶洋洋的。可是在小姐面前他們都生龍活虎，妙語如珠

，殷勤周到。不過他們對待外國人也很友善而有禮貌，絕對不存歧視心理。但是朋友對意大利人卻有批評：「意大利人很好打交道，但是一到利害緊要關頭，他們絕不讓步。」我想不但意大利人如此，別國人也是一樣。我們中國有句古諺：「人不為己，天誅地滅。」所以我還是喜歡意大利人，我愛他們那種特有的文學家、藝術家的氣質。

羅馬除了教堂外，其他名勝古蹟還多得很，如總統府廣場、共和廣場、威尼斯廣場、石柱廣場、人民廣場、西班牙廣場、智慧神廣場、阿根廷塔廣場、納臥娜廣場、巴沛力廣場、聖天使輪、特萊維噴泉、梅瑟噴泉、海石堡噴泉、烏龜噴泉、三蜜蜂噴泉、黑人噴泉、鐘錶噴泉、……真是不勝枚舉。

現在我將最具特色的噴泉，競技場和地窟簡單地介紹一下。

羅馬的噴泉水源是引自數十里外的自然水，據說水道有十四條之多，可見的有十一條，工程非常艱巨，不但供應羅馬飲食之需，也是美化環境的噴泉的來源。後來由於天災人禍，水道及噴泉摧毀殆盡，現在僅存四條水道。

㈠保祿水道。全長約五十一公里，為維尼哥洛一帶泉水來源。

㈡馬奇——庇護水道。全長約五十三公里，為共和廣場噴泉水源。

㈢幸福水道。全長約三十二公里，為梅瑟噴泉水源。

㈣貞女水道。全長二萬零五百四十六公尺，為特萊維噴泉水源。

噴泉不但為羅馬的特色，且有噴泉處即有大理石雕像，兩相輝映，相得益彰。

高槃賽，亦稱「鬪獸場」、「競技場」，更是天下聞名。在電影中出現不少，李小龍的「猛龍過江」有一場最後比武鏡頭，就是以它作場景的。這本來是古羅馬帝王貴族欣賞人獸相鬪，獸與獸鬪、賽馬、競技、閱兵、演戲的場所，佔地兩萬平方公尺，牆高五十七公尺，可容納八萬七千個觀衆，不僅在當時舉世無匹，現在也很少有。當我進入其中時，裡面正在整修，大部份沒有開放，但一目瞭然，顯得破敗不堪，據說一年花了二十五億美金，還沒有整修好。意大利雖窮，但是在維護古蹟，保存固有文化方面，捨得花錢，而且不亂整，原來是什麼形式顏色，就用什麼形式顏色整修，連一磚一瓦也不亂來，連大街小巷的小方石，壞了也用同樣的小方石來補，保持古色古香，決不用紅磚瞎搞。

在競技場旁邊是君士坦丁大帝凱旋門，建於紀元三一五年，從上至下，刻有君士坦丁大帝的豐功偉績。此門與競技場也是相得益彰，巴黎的凱旋門就是仿照此門而建的。

地窟更是羅馬一絕。未到羅馬之前，不知道有地窟，參觀聖加里斯多地窟之後，覺得羅馬地窟值得大書特書。

地窟是古代天主教的墳場，埋葬致命聖人與教民，也是教難時期的避難所。此種地窟現在已經發現的有五十多處，都在城外大道附近，城內是不准埋葬死人的。

聖加里斯多地窟也在城外古羅馬征埃及大道旁邊，共有五層，我們參觀的是第二層的一部份。從入口處沿石階而入，窟內走道密如蛛網，四通八達，如入迷宮，加之愈走愈黑，如無嚮導，絕對走不出來。在走道兩旁的壁上，挖有不少墓穴，大人小孩均有，而以小孩為多，重重疊疊，不計其數，死者之多，不難想像。在教難時期，教民藏匿在地窟之內，長年累月，空氣陽光不足，食物困難，死亡自然更多。所以地窟又有「地下羅馬」之稱，內有教宗小堂，是三世紀教難時期的祭台，左右兩壁有九位教宗埋在不同的地方。

「教宗小堂」附近是聖女則濟利亞墓穴，有她的臥石像，雕刻極佳，頸上刀痕顯然，係著名雕刻家馬德樂原作之複製品。

地窟土質是石灰岩，堅硬乾燥，走道聯接起來約有二十多公里。

地上羅馬建築固然雄偉，地下羅馬也令人嘆為觀止，毛骨聳然。如果真有陰間，羅馬地窟是個最好的標本。

不管地下也好，地上也好，以上所寫的多是歷史陳跡。現代羅馬，也就是所謂新羅

馬，則在舊羅馬之外，而不是在舊羅馬之內再建新羅馬，這是羅馬人的聰明之處。如果新舊交錯，那就破壞了羅馬的格調，非驢非馬了。

新羅馬是墨索里尼下令計劃興建的，因戰爭關係完全停頓，一九五一年開始重建，是目前的高級住宅區，完全是高樓大廈，有的像火柴盒子，以建築藝術而論，則不如舊羅馬的和諧。

新羅馬的建築有會議大廈、馬可尼方塔、聖伯多祿與聖保祿教堂、玫瑰花游泳池、人造湖、室內運動場、菌形飯店等。

菌形飯店形似香蕈，五十六公尺高，十四層，有電梯直達上層，放眼看去，新羅馬盡收眼底。

值得特別一提的，是勞動文明大廈，六十八公尺高，六層，佔地八千四百平方公尺，基層四周窗口內有三十座男女石像，代表科學與人生的各種活動，大廈上方刻有幾行意大利文，據說它的意思是「詩人、藝術家、英雄豪傑、聖人科學家、航海者的人民。」

我們的建築從來就沒有想到過詩人、藝術家、科學家、文學家。我們可曾看見過屈原、杜甫、李白、曹雪芹的雕像？意大利則隨處可見詩人，藝術家的雕像。我們稱爲樂

工藝工雕刻匠的，他們則視為大師國寶，這大概就是中西文化不同的地方？

寫完了羅馬便不能不一提梵蒂岡。

梵蒂岡最著名的建築自然是聖伯多祿大教堂。不但教堂本身大，教堂前面的廣場尤其大，廣場中心聳立著由埃及厄里坡搬來的高大石柱。羅馬很多石柱都是從埃及搬來的，這是侵略者的標記不能算是羅馬人的光榮。

與石柱相輝映的大教堂前兩排對稱的長廊，十分壯觀。教堂右側站崗的瑞士兵，服裝很有趣，我曾採取適當距離與他們合照以作紀念。教廷為什麼用「瑞士兵」？因一五一七年羅馬浩劫中其他國籍士兵均受賄投降，只有瑞士籍士兵忠貞不屈，自此梵蒂岡軍隊便全由瑞士人充當了。

梵蒂岡是彈丸之地，卻自成一個國家，教宗且成為全世界天主教徒的精神領袖，這也是羅馬一絕。

不到羅馬，不知羅馬眞面目；不到羅馬，不會重視意大利人。到了羅馬，對於古羅馬人的建築雕刻藝術油然生敬；到了羅馬，對現代羅馬人自然產生好感。意大利人是一個愛好自由、民主、和平、文學、藝術的民族，他們重視自己的文化，也善於保存自己的文化；他們依賴「美援」，但沒有一絲一毫「美化」。曾經有這麼一個笑話：

「羅馬嬉皮多。」外國人說。

「那都是美國人。」意大利人回答。

一九七七（民國六十六年丁巳）於台北

藝術之都

意大利的名城除了羅馬之外，還有佛羅倫斯，米蘭，威尼斯；而佛羅倫斯（Florence）又恰好在意大利半島的中間，是文藝復興的發祥地，是歐洲藝術之都，是詩人但丁（Dente）、意大利繪畫之父西馬表（Cimabue）、吉奧圖（Giotto）；建築家、雕塑家阿諾發（Arnofo）、安德烈比沙諾（Andrea Pisano）；文藝復興的舖路者布朗尼勒斯奇（Brunelleschi）、董乃特羅（Donatello）、馬賽克西奧（Masaccio）；以及蓋世天才米蓋朗基羅（Michelangelo）、波蒂賽理（Botticelli）等人的家鄉，可以說是地靈人傑。世界上還沒有那一個地方出了這麼多舉世聞名的大師。

佛羅倫斯的意大利名是翡冷翠（Firenze），住民約五十萬人，距羅馬兩小時火車路程。在十二世紀到十五世紀之間，就到達文明的顛峯。一八六〇年，佛羅倫斯和士斯堪尼才成爲意大利王國的一部份。今天，它在文化藝術方面又扮演着領導角色。英國劍橋國際傳記中心選擇這個地點召開國際文藝交流會議，不爲無因。

佛羅倫斯的房屋多半是四層建築，巨石為牆，紅瓦為頂，從高處鳥瞰全城，整齊美觀，無與倫比；阿爾諾河如帶，繞城而過，別有風情。全城最美麗宏偉的建築是聖瑪琍亞彩色大理石大教堂。白色大理石是從Carara 運來，綠色大理石是從Prato運來，紅色大理石則從Maremma 運來。從一二九六年開始建築，直到一八八三年才全部完成，單只一個天堂之門（Door of Paradise）就花費了二十七年時間（一四二五－一四五二），此外當然還花費了好多藝術家、建築家的心血。

聖瑪琍亞天主教堂除外表美麗壯觀之外，內部的壁畫雕刻上極其精美，都是名家手筆。如米蓋朗基羅雕刻的兩座首領的墓上大理石人像，一男一女代表晝夜黎明黃昏，守護那兩座高高在上的首領就特別顯眼。佛羅倫斯的名家也大都葬在這裡。

不但聖瑪琍亞教堂的雕刻顯眼，佛羅倫斯到處都有大理石雕像。令人印象最深的是Perseus（希臘神話Zeus 和Danae的兒子）右手持鋼刀，左手高舉女怪頭顱，血從頸上冒出，而他還踩著女怪的屍體，這是Benvenuto Cellini的創作；米蓋朗基羅的紗纖婦女之強暴（The Rape of Sabine Women ），唯力是尚，強者擁有一切，弱者無助，震人心弦。

巫費茲陳列館（Uffizi Gallery）是佛羅倫斯的藝術寶庫，都是名家精品。如吉奧

圖（Gioto）的「聖母登極」（Madonna Enthroned ）像，席蒙馬丁尼（Simone Martini ）的「報佳音」（Annunciation ），簡特兒達費卜瑞諾（Gentile da Fabriano）的「三賢人的禮拜」（Adoration of the Magi ），包樂攸賽羅（Paolo Uccello ）的「聖羅曼諾之役」（The Battle of San Romano），費立坡李庇（Filippo Lippi ）的「聖母與嬰兒天使們」（Madonna and Child with Angels ）都是好畫。而我尤其喜愛的是山德羅波蒂賽理（Sandro Botticelli ）的「維納斯的誕生」和「春天的寓意」（Allegory of Spring ），這眞是精品中的精品。「維納斯的誕生」將意大利女性形象和內涵表現無遺，尤其是那兩隻若有所思而又有幾分憂鬱的眼睛，傳神之至。「春天的寓意」可以看出裸體上輕紗的飄動。達文西（Leonardo da Vinci）的「報佳音」又比西蒙馬丁尼的「報佳音」好得多，不但人像造形美，天使的翅膀向上直立，右手舉起，就獨具匠心。

此外值得特別一提的是拉費爾（Raphael）的「戴面紗的女人」（Lady with a Veil），這幅畫的造型和達文西的蒙娜利莎有異曲同工之妙，這兩幅畫如果放在一起品評，實在難分高下。佛羅倫斯的美女是畫家們靈感的泉源，如果沒有那些美女，可能產生不了這麼多的藝術大師。

一般說來，意大利的女人都美，因爲她們身材適中，有西方女人的線條，東方女人的瓜子臉，但她們的皮膚白、鼻子高，有東方女性的含蓄，而無西方女性的粗野，加上她們懂得穿着，尤其是佛羅斯倫斯的女人，合身的大衣（我在佛城開會是三月十三至二十日，猶在春寒期間。），長統馬靴，走起路來婀娜而有精神。出身佛羅倫斯的大師們，無論是畫家，雕刻家，無論取材自聖經故事，或希臘神話，他們筆下的女主角，都有佛羅倫斯女性的影子。「蒙娜莉莎」如此，「維納斯的誕生」如此，「戴面紗的女人」亦復如此。這就是創作的「根」。無根的創作，那是塑膠花，沒有生命。

佛羅倫斯的手工藝品也極佳，如各種皮夾，皮包，大理石人像等等，都很精美。

佛羅倫斯人很友善，很有教養，悠閒、樂觀、懂得生活情趣，逛街、蹓狗的人很多，狗都養得又肥又壯，我在這裡看見過世界最大的狗。

一九七七（民國六十六年丁巳）於台北

富人天堂——瑞士

從意大利米蘭搭飛機到瑞士首都蘇黎世只要個把鐘點，我們是下午七時左右起飛，八時左右到達蘇黎世。

在台灣很難看到雪景，因此在飛機上我就特別注意下面，果然發現綿延的山脈上有皚皚白雪，在夕陽餘暉中閃耀。

瑞士羣山環抱，是一個山地國家。蘇黎世機場離市區中心有三四十分鐘的汽車路程，我們由意大利Mestre 那家旅館代訂了希爾頓旅館，出機場之後，本來想叫計程車，那個計程車司機聽說我們是到希爾頓旅館，便通知停在後面角落裡的希爾頓旅館專車司機，司機過來替我們搬行李。那計程車司機如此禮讓，不整客人的寃枉，實在難得。因爲這裡的計程車貴，一上車最少也得幾塊美金。要是台北的計程車司機，一定會搶這筆生意，說不定還會載你兜個大圈子，反正你是外國人，不認識路。

希爾頓旅館離機場不遠，座落在一個山坡上，不像其他城市的希爾頓都是高樓大廈，此地的希爾頓完全是平房，價錢雖貴，但省了我們不少車錢。

因爲希爾頓是在山坡上，離市區很遠，吃東西覺得不便，非得在他們的餐廳吃不可

，一客日本料理咖哩蛋炒飯就要六塊半美金，這是最便宜的了。以我們的低收入，到這種種高物價的國家來消費，是最不合算的。

希爾頓旅館有專車直開市區中心。第二天早晨我們便搭車進城遊覽，車子開了將近一個鐘頭才到一家大百貨公司旁邊停下。我和司機約好，三點鐘搭原車回旅館。

這家百貨公司相當大，應有盡有，物價比意大利高，我們只是看看，根本不敢買。

蘇黎世街道整潔，房屋也很漂亮，店舖裡貨色齊全，錶店很多，名錶如亞米茄、勞力士，多在三百美金以上；日本的精工錶每一個錶店都有，價錢比較低廉。

蘇黎世的主要交通工具是電車。城裡有一條河，和高雄愛河差不多寬，但比愛河長，水卻乾淨多了。白天鵝、野鴨野鳥，自由自在地覓食，游泳，不受干擾。

蘇黎世到處一片安祥，秩序很好。來到瑞士之前，听說瑞士人驕傲，瞧不起東方人，可是身歷其境之後，我沒有這種感覺。只是他們沒有意大利人輕鬆、活潑、熱情；瑞士人比較莊重、穩健、體格比較高大。

瑞士男女地位看來十分平等。在蘇黎世市區中心街頭，我看見兩位女警換班，在這個交通樞紐指揮交通的不是男人，而是女人。新換上來的這位女警，年輕漂亮，戴着白手套、袖套指揮交通時，姿勢優美，彷彿跳芭蕾舞，在意大利我沒有見過女警指揮交通

，以後在法國、丹麥、英國、美國、日本也沒有見過。

在蘇黎世街頭漫遊了五六個小時，得到這麼一個印象：忙而不亂，井然有序；祥和安寧；人際關係很有分寸，無過與不及；沒有窮人，看不到乞丐，（不像羅馬、佛羅倫斯街頭到處有人向你伸手，雖說要飯的是吉卜賽人，但外國人却分不清楚。）人人都充滿信心和希望。

離開蘇黎世，回到希爾頓飯店，略事休息之後，就搭五點半的飛機直飛日內瓦，六點多到達。

日內瓦的旅館也是托希爾頓代訂的，我們不知道統一飯店在什麼地方？一出機場就找計程車，原來統一飯店在日內瓦湖畔，車費六約美金十元。

我們住的是七樓的双人房間，也沒有浴室，但面對日內瓦湖，視野很好。湖中的白天鵝很多，有的在平靜的湖面追逐飛馳，是暮色蒼茫中的美妙鏡頭。

晚上沒有逛街，因為歐洲城市店舖打烊都早，不像台北，晚上十點以後還可以買東西。

第二天上午八點我們就沿着日內瓦湖閒逛，湖邊馬路很寬，建築整齊美觀。清早起來就有人在湖邊草地上遛狗，因此狗糞不少。在意大利時听說日內瓦街道最整潔，可惜

湖邊草地被狗糞玷汚了。

日內瓦湖風平浪靜，白天鵝悠游湖上，頗富詩情畫意。有一隻大白天鵝在岸邊石堆上做窩孵卵，我走近去拍照牠也毫不驚慌。

日內瓦市區不大，街道和蘇黎世一樣整潔，物價和蘇黎世差不多，比意大利高。錶店幾乎和我家鄉的瓷器店一樣多，錶的形式、花樣、品質，自然是世界第一，也沒有贗品，名錶最少在台幣一萬以上。可是也給我碰到了一隻價廉物美的男用金錶，是在「只看不買」的原則下，逛了幾十家錶店之後無意中發現的，最後還是花了三十二塊美金，買來作爲小兒選良在美得碩士學位的紀念品。而這家錶店的女主人，態度十分友善，旣免稅還讓了兩塊美金。

在日內瓦幾乎逛了一整天，日內瓦的街道比蘇黎世的街道寬濶，沒有壓迫感。

瑞士是個中立國家，沒有戰爭威脅，人與人之間也很少衝突，而最重要的是沒有精神壓力，沒有思想苦惱。瑞士人過着和平寧靜富足的生活，風景也很優美。瑞士的確可以稱得上人間天堂。但這是富人的天堂，窮人一天也住不起，統一飯店一夜就花了八十五元美金，連開水也沒有喝一杯，八十五塊美金一個人在台北可以生活一個月，一個普通公敎人員一個月的收入不夠住兩夜旅舘。

一九七七（民國六十六年丁巳）於台北

西雅奈與比薩斜塔

來意大利之前，從來沒有聽過Siena這個地名，更不知道它在那裏?有些什麼名勝古蹟?比薩斜塔倒是久仰大名，也看過斜塔的照片。

在佛羅倫斯開會期間，國際傳記中心安排了參觀這兩個地方的日程。西雅奈離佛羅倫斯大約兩個小時的汽車路程。

我們一行坐了兩部遊覽車，每部車子都有一位導遊，我們這部車子的導遊是一位五十來歲，長得像墨索里尼的男人。此地的導遊都是中年男女，沒有一位妙齡女郎，起先我以爲不是招攬生意的辦法，後來一想，發覺用中年人導遊大有道理，因爲我們參觀的是古蹟，青年人不大瞭解過去，只有中年人才能勝任這類職務。

西雅奈和佛羅倫斯的歷史不相上下，是以古蹟聞名。建築也有其特色，房屋是用赫黃色的磚建造的，它和佛羅倫斯不同的是，地勢起伏，不像佛羅倫斯平坦。

市政廳是很突出的建築，Mangia Tower 尤其壯觀，極其寬闊的廣場，看來令人

舒暢，四周房屋整齊，是西雅奈的中心。在廣場邊沿有少數攤販，有賣水果的，有賣西雅奈特殊標記的女人頭巾的，還有咖啡座，在此地喝咖啡，晒太陽，看廣場裏鴿羣圍着人爭食玉米、麪包屑也是一樂。

市政廳於一二八八年開始建築，到一三三〇年才完工，以後又陸續增加了監獄，大議事廳等，是一座規模宏偉，歷史悠久的建築。

市政廳的和平室裏有A.Lorenzetti 的兩幅意義深長的大畫，一是「壞政府的結果」其所產生的是獸，以羊馬象徵；一是「好政府的結果」，其所產生的是肥肥胖胖的嬰兒，代表新生的一代。

在市政廳對面的一邊是Gaia Fountain，由西雅奈最重要的雕刻家之一 Jacopo Clella Quercia （一三七四—一四三八）於一四四〇到一四一九年之間建築。原來的雕刻現在放在市政廳裏，現在在這裏所看到的是Tito Sarnocehi 的複製品。從左到右依序代表：

亞當的出世、智慧、希望、力量、小心、天使、聖母與嬰孩、天使、正義、博愛、中庸、信心、亞當夏娃逐出伊甸園。

西雅奈的一所自一二二九年開始建造直到十四世紀末才全部完成的古老天主教堂，

是一座非常壯麗的建築，正面許多大理石的鐘樓、樑柱、以及人物的雕刻，精細之至，臺灣許多廟宇的雕龍畫鳳比不上它。與佛羅倫斯那座聖瑪琍亞天主教堂可以說各有千秋。聖瑪琍亞天主教堂是一二九六年開始建造的，比這座教堂遲了六十七年。

其他的Church 還很多，幾乎都是文藝復興時期的建築，都是名家設計，內部的雕刻、壁畫也都是名家手筆。而且很多無名建築的簷廊之上都有名人的大理石雕像。

西雅奈的建築宗教色彩也十分濃厚，除了Cathedral, Church 之外，還有不少Palace 。此處的Palace 不是皇宮，而是主教的大公舘，其氣派決不下於皇宮，亦可見意大利主教權力之大不下於帝王。

Piccolomini Palace 是西雅奈文藝復興時期最精緻最重要的建築，它的線條輪廓很像佛羅倫斯的Rucellai Palace，和Pienza 的Piccolomini Palace。它可能是Bernardo Rossellino的設計，而由Pietro Paolo del Porrina da Casale於一四六九年開始建築。

在Piccolomini Palace鄰近的是Chigi Zondadari Palace。

Sansedoni Palace 很像市政廳，而那三排窗櫺同整個建築顯得十分協調。一二一六年開始建築，一三三九年由Angostino di Giovanni 重新設計擴大。

最後要提到西雅奈的國家畫廊。

這個國家畫廊裏收藏十二世紀到十六世紀所有西雅奈畫家的作品，在十八世紀由Abbe' Giuseppe Ciaceheri 開始收集，後來由於新收集的作品多了，在一九三〇年便成爲國家的財產。這裏面收藏了Pietro Lorenzetti的「洋紅色的聖母瑪琍亞」。Bartolo di Fredi 的「對初生基督崇拜的三賢人。」Andrea di Bartoro 的「牧羊人的崇拜」。Giovanni di Paolo 的「飛到埃及」等等，他的畫佔了一個畫室（第十一室）。第十二室也有他的一幅特別重要的「最後的審判」。第十三室比較重要的有Matteo di Giovanni 的「聖母與嬰兒」。

這個畫廊的收藏相當豐富，雖不件件都是珍品，但對於當地所有畫家的作品都收藏起來，可見意大利人對於固有文化的維護眞是不遺餘力。

另外我還看到一處牆壁上刻了一首西雅奈人Basilica Cateriniana di S・Domeni-co的「祈禱者」的詩，是寫給西雅奈的St・Catherine 的。有一幅也是表現同一事跡，可見當時西雅奈對宗教的狂熱。

西雅奈是一個古老的城市，建立在山坡上，街道狹窄，起起伏伏，曲曲折折，古色古香，別有情趣，一切建築都保持十三世紀的原樣，連巷道的燈，牆壁上繫馬的鐵環，

都未改變。幾百年來，西雅奈人並沒有想把祖先蓋的房子拆除，重建現代化火柴盒般或鳥籠的建築，這是西雅奈人的聰明之處，要建築現代的城市可以另起爐灶，不必拆掉祖宗的遺產，歷史文物。想起「五四」時代那些打倒「孔家店」的先生們和「全盤西化」的餘毒，對我們固有文化的摧殘，實在令人寒心，他們活着時沽名釣譽，死後有何面目見自己祖先於地下？再加上大陸毛共二三十年來的摧殘，我們的子孫再也見不到中國的眞面目了！中國何其不幸，出了這麼多徒有其表而無心肝的中國人。

參觀西雅奈之後，我們到離西雅奈還有一段路程的花園飯店午餐，這兒環境很不錯，飯後我們在周圍散步遠眺，Dr．Rebbock 說：「如果能夠在這兒多逗留一些時日就好。」他明天就要趕回阿拉斯加上課。我也有同感，我覺得這兒可以久住，無奈我們都是過客。

這天下午我還參觀了另一個古蹟很多的地方，到處是哥德式的建築，可惜現在連地名也記不起來了。

比薩斜塔

第二天下午我們又全體去參觀舉世聞名的比薩斜塔。

比薩斜塔和佛羅倫斯的距離與西雅奈和佛羅倫斯的距離相差不多。在中途我看見好幾棵柳樹，與我國江南的柳樹相彷彿，據說是馬可孛羅從我國帶來培植的。馬可孛羅還帶來中國的餃子和麵條作法，這兩種食物在意大利相當流行。

在佛羅倫斯和比薩之間有一座大理石山，大理石都露在外面。過了這座山，比薩斜塔就遙遙在望了。那是一塊平地，寶塔就建在平地之上。

慕名已久的斜塔，終於看見它的眞面目了。

比薩斜塔不是孤立的，有教堂陪襯。塔的傾斜大約二十度左右，現在看來沒有倒塌的危險，但天長日久，一定會倒下來，周圍已經圍起欄柵，不讓人走近，但是參觀者可以從入口處爬上塔頂遠眺，我們因爲時間不多，沒有上去。從世界各地來參觀的人不計其數，本地人靠此塔維生的約有四五萬人，這裏的一位導遊英語講得最標準，沒有意大利音，他說這座塔不能拆，塔一拆掉就有幾萬人失業，他就首當其衝。

大教堂後面還有一座圓頂教堂，內有專爲嬰兒設的受洗池。有一位當地人特別走進來叫我們不要講話，然後他發出唱詩般的聲音，教堂內立刻發出如風琴般的回音，這是別的教堂所沒有的。

在比薩大家都搶着拍照，我也拍了幾張，以教堂托襯更能顯出塔的傾斜。

意大利可看的東西太多，比薩斜塔也是世界一絕。

一九七七（民國六十六年丁巳）於台北

威尼斯之旅

一、老華僑與針灸醫師

「國際文藝交流會議」三月十九日結束，出席人員二十日各自東西，我和上官予也開始歐洲之遊。

威尼斯和比薩斜塔一樣，也是世界聞名的，我們的第一站，也是意大利的最後一站就是威尼斯。

本來我們的航程是從比薩機場飛米蘭，在米蘭玩半天再飛瑞士蘇黎世。爲了要遊威尼斯，遂改搭火車赴 Bologna。因爲老華僑孫耀光先生住 Bologna，在羅馬時，他就當面對我們說要陪我們去威尼斯，因爲 Bologna 離威尼斯近，他會開車送我們。

二十日上午我們搭火車北上，原來時間是十點十分開車，結果遲了三十分鐘才開，因此我們也遲到了三十分鐘，害得孫耀光先生和針灸醫師文小迪小姐久等，又打電話到

佛羅倫斯旅館去問，甚至打電話到羅馬去問尹先生。下車之後，我到處去找孫先生，卻又找不到，我正想打電話去他家裏，恰巧看見他和一位小姐從公用電話旁邊走過。我的記憶不好，人名我往往記不住，但人相我一入眼便有深刻印象，我看見他厚敦敦的背影，連忙趕上去叫他，他回過頭來高興地說：

「嘿！我等了你好久。」

我一面解釋，他一面替我介紹他診所的針灸醫師文小迪。

文小姐是臺北醫學院畢業的，她卻愛上了中國針灸。孫先生原來是上一屆的立法委員，時常來臺北，他在羅馬和Bologna開了兩個針灸診所，特地請文小姐來意大利宣揚中國文化，兩頭應診。文小姐是湖南人，有三湘女子的豪爽性格，非常熱愛自己的國家和文化，因此間關萬里隻身來到意大利傳播中國醫術。

孫耀光先生是「七七」抗戰前一個月隻身來到意大利的，當時他就從威尼斯登陸，那時他只是二十來歲的小夥子，現在年已花甲，事業雖有成就，精神卻十分空虛。因爲他娶的是意大利太太，子女都是意大利人，一點也不像他，更不會講中國話。他雖然會講意大利話，但也懶得和他們交談。像他這樣年紀的老一代華僑，處境幾乎完全相同。據說有一位老華僑曾被意籍妻子謀殺，另一位老華僑則悄悄帶走幾萬美金的私蓄，逃到

臺北，收了一位警察作義子，享受天倫之樂。孫先生捨不得自己的事業，又無法彌補內心的空虛，因此在原有的事業之外，開了兩個針灸診所，和文小姐僕僕於羅馬和 Bologna 之間，一以傳播中國文化，一以打發餘年。他臉上雖然是笑咪咪，但我可以想像他內心之痛苦，針灸扎不好他這種心病。而一般老華僑只好偷閒聚在一起，喝喝酒，談談家鄉話，或是打打小麻將，以遣愁懷。

孫先生和文小姐幫我們把行李搬上車子之後，先開到孫先生家裏。

孫先生家是一棟一底的洋樓，樓上住家，樓下開診所，環境很不錯，花木扶疏，相當優雅。可是家裏一個人也沒有，據說子女忙自己的事去了，太太在山上開了一個大養雞場，養了幾萬隻雞，完全電動，她一個人在山上照顧這個雞場。文小姐說孫太太很能幹。當然，不能幹一個人怎麼照顧得了這麼大的雞場？可惜我沒有見到孫太太。

休息了一會之後，孫先生就駛車帶着我們向威尼斯出發。

二、平原飛車閒話

Bologna是意大利北部富庶之區，與威尼斯、米蘭成三角型，這三角地區正如我們臺灣的嘉南平原，是意大利的精華所在。從羅馬，經佛羅倫斯、到 Bologna，沿途所見

多是丘陵地帶，樹木綠葉未生，田地亦多荒蕪，既無豆麥，亦少青菜，和臺灣遍地翠綠，大不相同。

從 Bologna 到威尼斯則是一片平原，有點像我們的嘉南地區，只是房屋式樣不同。此地的民房也不大，但十之八九是兩層赫黃色的磚瓦建築，沒有竹籬茅舍風光。田間偶爾看到一片青綠，但那非豆非麥，而是野草。不知此地何時開始春耕？如在我們大陸，長江以北應是麥浪滾滾，遍地開着金黃的油菜花的時候；長江以南應是春耕整理田畦的時候。可是這裏沒有一點動靜，既沒有看見農人趕着牛耕田，也沒有耕耘機翻土，意大利還在冬眠。

公路十分平坦，很合乎國際標準。

「意大利的公路是歐洲最好的公路，比臺灣的公路好。」孫先生一面開車一面說。

「可是這是國際公路，」文小姐馬上接嘴：「我們的高速公路比意大利公路還好。」

文小姐快人快語，孫先生馬上改口：

「臺灣的高速公路當然很好，我說的是普通公路。」

文小姐又說出高速公路的標準如何？是誰承造的？有什麼保證？她如數家珍，我卻

聞所未聞。

文小姐的愛國心很強，而且深愛自己的文化，她雖然學的是西方醫藥卻走上了針灸這條路，她還說下次回國時要拜某中醫爲師。她和西醫一道執業，她說西醫也佩服中國的醫學。

「意大利的醫學是很有名的，」文小姐說：「可是意大利人很重視我們中國的醫學，羅馬一家博物館裏藏有我們一本極重要的醫學著作，是全世界唯一的孤本，我親眼看過。」

「能不能要回來？」我問。

「絕對辦不到！」她說：「人家把它當作寶！連拷貝都不准，我托人關照的結果，他們答應我在裏面抄，但是那要抄死人，我算一算就是抄也得花不少美金，我沒有時間，也沒有這筆錢。」

我想起另外一本藏在日本人手裏的「本草綱目」孤本，恐怕我們也要不回來，「五四」以來，我們全盤西化，視自己的文化如糞土，人家卻把我們的文化遺產當寶貝。我出國之前，一位本省籍收藏家、畫家，經常在歐洲旅遊，跑遍巴黎、倫敦博物館的藍老先生（爲了參觀，寫畫，他在巴黎一住就是一年），就曾對我說：

「你去歐洲看看也好，在那邊你可以看到我們不少寶貝，幸好落在外國人手裏，不然我們沒有這個眼福，我們糟踏掉的寶貝還不知道有多少呢？」

他說的不是氣話，是傷心至極的良心話，因爲這位老先生太愛自己的文化，片紙隻字都視爲至寶，而他常常謙虛地說：「可惜我對中國文學藝術還懂得太少。」

文小姐是年輕人，他聽說有部醫書流落在意大利，便輾轉托人介紹去參觀（不托人連書都看不到），可是不准拷貝，抄又太費時間，請問這該誰來負責？國內醫學界知不知道這件事？當局想到過這比蘇澳沉船事件更痛心的事沒有？

「你不妨向國內反應？」明知道這話是白說，我還是向文小姐建議。

「我向誰反應？」文小姐向我苦笑：「國內的情形你還不知道？誰肯管這檔子事？」

對於醫學我是十足的外行，我除了望望遠方的藍天白雲，我還有什麼話好說呢？

文小姐看我不作聲，又對孫先生說：

「孫先生，我來開車，你把你自己的故事講給他們聽聽，你的故事是講不完的。」

孫先生不讓她開車，只是笑笑。他的口才不怎麼好，他是屬於木訥型的人物。他剛要開始講，就到了中途吃午飯的地方。

他們請我們在這裏吃自助餐，是純粹的意大利餐，比我們在羅馬、佛羅倫斯吃的都好。

飯後，文小姐自告奮勇開車，她的駕駛技術不錯，去羅馬瞧診時就是他們兩人輪流駕駛。

文小姐開車，我便請孫先生講他自己的故事。

「我初到意大利時，既不識字，也不會講話，連錢幣鈔票也不認識。」孫先生笑着說：「我從北到南，都是走路……」

「你初到義大利，怎樣謀生？」我問。

「賣領帶。」

「能賺多少錢？」

「起初不但不賺錢，因爲不認識鈔票、錢幣，反而常常受騙。在羅馬我又被警察關了好幾次。」

「爲什麼？」

「因爲我沒有執照，賣領帶也要領執照。」

「既然沒有執照，你怎麼繼續賣？」

「我手上帶把洋傘，見了警察就把領帶藏起來。」

「難道這樣萬無一失？」

「後來我又被抓進去，幸虧大使館的朱秘書保我，還送了我兩百里拉，叫我離開羅馬，那時兩百里拉要抵現在二十萬！」

我問朱秘書叫什麼名字？他說叫朱英，隨後又補充一句。

「現在沒有這樣好的人。」

他對於這位大恩人念念不忘，他拿了朱秘書送他的這筆相當於兩百多美金的錢北上Bologna做小意。一九四七年四月十七日Bologna被炸，炸死了三十多人，他就避到鄉下他現在的太太家裏，後來他們結婚，生了幾個孩子，共同創下現在的基業。

我看見駕駛座前掛了一張義大利年輕男人的照片，我問他那是誰？他說是他的兒子，幾年前死了，他為了懷念這個兒子，一直把照片掛在駕駛座前。可是，無論怎麼看，這年輕人一點也不像他。雖然他在家裏很少和太太子女講話，從這張照片看來，可見親情似海，只是老一代的華僑還是道地的中國人，把父子之愛，夫妻之愛都藏在內心，不會適當地表達，這可能就是異族家庭悲劇造成的原因。孫先生就是這樣的人；他除了喝喝悶酒，和老華僑打打小麻將之外，幾乎沒有辦法排遣人生，這也是意大利少數老華僑

（連意大利太太和子女算在一起，不到一千人。）的縮影。

但願老天照顧辛勤一輩子的孫先生，使他有一個幸福的晚景。

三、世界的心臟

威尼斯交通方便，坐船、坐汽車、坐火車、坐飛機都可以到達。我們坐的是孫先生的轎車，先到Mestre，從Mestre到威尼斯有一座跨海長橋，十分壯觀，比我們澎湖的跨海大橋更美。車子開到威尼斯的唯一停車場，我們改搭一小型巴士進威尼斯 Piazzale Roma Sation 然後坐汽艇遊歷。

威尼斯城是建築在許多小島之上，威尼斯四面環水，城市內的交通完全靠船，船就是威尼斯的巴士，Grand Canal 是一條主要水道，成S形把整個威尼斯分作兩半，（其他分支水道很多，也可通舟楫）這條大水道有三千八百公尺長，三十公尺至七十公尺寬，五公尺深，是威尼斯的大動脈。水道兩旁都是三四層高的美麗建築，可以給旅遊者一種歷史的、藝術的、文學的回顧。威尼斯人說威尼斯是世界的心臟（Heart of the world），那麼Grand Canal 便是威尼斯的大動脈了。

一出車站，在大水道另一邊是San Sinceane and Giuda 教堂，建於第九世紀，

但現在這座建築是一七一八至一七三八年由Riman Pantheon 的靈感心血所構成的，它的優美的綠色銅圓頂令人起敬。

Santa marik di Nazareth 教堂建於一六六〇至一六八九年，它富麗堂皇的正面是Giuseppe Sandi 的傑作。

San Genenia 教堂建於第十一世紀，十三世紀重建，它那高聳的羅馬式的鐘樓是威尼斯最古老的建築之一。

建於一六七九至一七一〇年的Ca'Pesaro宮，是建築家Baldassarre Longhena 的傑作，樓房三層，包括現代藝術與東方藝術的國際畫廊在內。

the Ca'Doro是十五世紀的威尼斯式的漂亮建築，也收藏了不少藝術珍品。

不但威尼斯式的建築漂亮，哥德式的建築同樣漂亮，威尼斯的建築以這兩種形式為多，而這兩種形式一點也不衝突，而且顯得很和諧。當然，最漂亮最雄偉的建築是聖瑪克廣場（St Mark's Square），這個廣場不但是威尼斯最大最漂亮的廣場，也是意大利最大最漂亮的廣場。廣場是長方形，一百七十五公尺半長，在長方形教堂的這一端是八十二公尺寬，另一端是五十七公尺寬，但是看起來不覺得一頭寬，一頭窄，而是一個很整齊的長方形。教堂的五個圓頂，與意大利其他地方教堂式樣不同，正面當中還有四匹

銅馬。左右兩排三層樓房，連綿一百多公尺，右面一排尤其漂亮。教堂對面的房屋是兩層，但和三層房屋一般高矮。這種漂亮雄偉的建築，連羅馬、佛羅倫斯也沒有。廣場兩端各有一座很高的鐘樓，一座高聳入雲的石柱，兩旁紅色黃色的咖啡座椅更使廣場生色不少，鴿子之多也是其他廣場所未有。不僅此也，廣場的青石板地也用白色的石板鑲成美麗的圖案，單只看看這個廣場，也就不虛此行。

聖瑪克教堂內部的嵌畫更令人嘆爲觀止。牆上，拱形圓頂，圓屋頂上，有四千多平方公尺的面積都是嵌畫十一世紀Doge Domenico Selvo 時代（一〇七一——一〇八四）開始的，經過佛羅倫斯的大師如Paolo Ucello 和Andrea del Castagno 予以加強、更新，此外還有Titian, Lorenzo Lotto, Tintoretto, Piazzetta, Salviati 和Bassano等人的心血。嵌畫中有「基督升座」像，色彩鮮明，栩栩如生。「聖瑪克的奇蹟」、「福音傳導師約翰」、「福音傳導師路克」、「福音傳導師瑪克」、「福音傳導師馬修」、「耶穌在花園中」色彩雖不鮮明，但也都是心血結晶。從這四千多平方公尺的嵌畫中，你便不能不佩服意大利人的天才、毅力和恆心。無論古今中外任何一件偉大的作品，絕對不是投機取巧可以獲致的，歷史是最好的證人。當今的建築家、雕刻家、畫家、作家、詩人，且先別自我陶醉，自封大師，不妨多看看前輩，留點餘地。

靠近聖瑪克教堂的是公爵宮，自九世紀以來威尼斯的最高領袖就住在這兒。它的十人議事廳，金璧輝煌。左邊牆壁上是 Francesco Leandro 畫的 Pope Alexander Ⅲ，Barbarosa 和 Doge Ziani ，右壁上是 Aliense 畫的 Adoration of Magi ，學院廳和十人議事廳同樣金璧輝煌，天花板上是 Paolo Veronese 的人像傑作，主教席上面的牆上「索彭圖的勝利」，也是他的手筆，右邊牆上末端是 Domenico Tintoretto 「聖凱賽琳的神祕的婚禮」等。

主要議事廳、投票廳，也都富麗堂皇，費盡匠心。

此外值得一提的是毛瑞諾島（The Island of Murano）的水晶玻璃工業，它開始於一二八九年，十五、十六世紀蓬勃發展，今天它的產品達到很高的藝術水準，意大利的名家雕像，此地的工人都能吹得維妙維肖，而且彩色繽紛，我非常喜愛他們吹的一種七八寸高的人像，約合十塊美金，如果我不是先在佛羅倫斯買了一座大理石的同樣人像，我一定要買這座水晶玻璃的。此地人將他們的水晶玻璃工業，和意大利的雕塑藝術結合起來，使它成爲一種高水準的工藝，這又是別的國家所不及的。

威尼斯不僅僅是一個水城，也是一個藝術之都。可惜它在一天天下陷，據當地人估計，三百年後，它將沉入海底，像龐貝古城一樣，成爲歷史陳跡。我幸而早生三百年，得親臨其地，一飽眼福。

一九七七（民國六十六年丁巳）於台北

單城記——巴黎走筆

生死之間

從日內瓦到巴黎，坐飛機不要一個小時，照理應該是一次短程的愉快飛行，可是沒有想到，飛到中途飛機出了毛病，要返回日內瓦修理。這個消息宣佈之後，大家表面上都很鎮定，內心感受如何？則不得而知。我看見窗外暮色蒼茫中的山頭積雪，心想如果飛機突然摔在這個山谷裏，那一定粉身碎骨，不知作孤魂野鬼是什麼況味？但我看過許多篇描述人死時靈魂脫離軀殼飄飄欲仙的文章，以及汪少倫教授的「多重宇宙與人生」，和我自己對道家思想與玄學的體認，對於死並不恐懼，那只是進入另一個凡人肉眼看不見的世界的短暫過程；我也知道我的死期還早得很，今年又「福星高照」，不怕禍侵，所以我不驚慌，只是有點煩躁，討厭這架飛機耽誤了行程，擔心在巴黎接機的楊允達兄空跑一趟。

飛機回到日內瓦機場之後，我們下機等候修理，半個小時之後通知我們上機，在機上等了二三十分鐘，還不能起飛，又要我們下機等候，這樣上上下下十分麻煩，每次都要檢查，而且日內瓦機場檢查得特別嚴，照相機也要取下來通過那一道關卡。在臺北時同事就警告我說照相機底片不能通過放射線，否則洗不出來，心想這一次糟透了，所有的照片都泡湯，一氣之下，決定不再拍照。

飛機這一折騰，三上三下，整整躭誤了三個小時，晚上九點鐘才到巴黎。

羅浮博物館

在巴黎五天的住宿活動，都由楊允達兄細心安排。

巴黎的建築，市容都很不錯，有些地方很顯然的是模倣義大利，尤其是凱旋門，無異是羅馬君士坦丁大帝凱旋門的翻版，不過壯麗一些；其他雕刻方面亦多如此，但比義大利的大理石雕刻差多了。

羅浮博物館是值得參觀的，尤其是走進門口的第一畫室，琳瑯滿目，氣勢磅礴，很多皇皇巨構，都陳列此室。其他各室亦多名作，但面積較小。

在名作如林中，Eugene Delacroix（一七九八——一八六三）的「自由領導人民

」（Liberty Leading the People）是一幅政治畫，是慶祝一八三〇年七月二十八日法國人民起來推翻波邦王朝（Bourbon King）的，作者曾親自參加那次反叛運動，他原是國家警備隊的一份子。畫像左方那個手持長槍頭戴高帽子的就是作者本人。他的另一幅沙達那帕魯斯之死（Death of Sardenapalos）也是扣人心弦的。

Jacques-Louis David（一七四八－一八二五）的「拿破崙一世的加冕禮」（Coronation of Napoleon）是一幅細緻的精品，相當於我國的工筆畫，畫的是拿破崙捧着后冠，約瑟芬跪着低頭接受，兩位宮女彎着腰站在約瑟芬後面牽着她的紅色長披，神情生動之至，其他陪襯人物亦栩栩如生，布局構圖、透視，無一不佳。大畫家正如大作家，畫人物寫人物匠心獨運，而天才與功力並臻。

Quentin Metsys（一四六五－一五三〇）的「銀行家和他的妻子」（The Banker and His Wife）是一幅寓意深刻的畫。畫中銀行家正用戥子聚精會神地稱金幣，坐在他旁邊的太太本來在閱讀聖經，也被燦爛的金光吸引，手指夾着翻開的書頁，目光却移注到金幣上，而旁邊的一面圓鏡，却反映出窗外的風景，作者以圓鏡作爲虛無的象徵，寓意深刻，微帶諷刺。

Leonado da Vinci（一四五二－一五一九）的「岩石之女」（The Virgin of

the Rocks ）意境深遠，畫中有詩。他的另一幅傑作蒙娜麗莎（Mona Lisa or The Gioconda ）也陳列在此。達文西是義大利佛羅倫斯人，據說這幅畫就是畫的佛羅倫斯的年輕女人 Mona Lisa，她在一四九五年和著名人物 Francesco del Gioconda 結婚，所以亦稱 La Gioconda，畫的時間可能是一五〇三—一五〇九之間。達文西非常喜愛這幅畫，他常常把它帶在身邊，直到最後在佛羅倫斯賣給 Francis I，有的說是他自己賣的，有的說是 Melzi 賣的。這幅畫有很多複製品，被認為是文藝復興時期的典型人物畫像。一九七一年它從羅浮博物館被偷之後，更使它聲名大噪。其實文藝復興時期許多大師的人像畫，都是一時瑜亮，難分軒輊，即以達文西的「岩石之女」而言，不在蒙娜麗莎之下，而我是更喜愛保存在佛羅倫斯 Uffizi Gallery 的 Sandro Botticelli 的「維納斯的誕生」，其中維納斯的造型更美，祇能更惹人憐愛。「維納斯的誕生」名氣不如「蒙娜麗莎」響亮，亦有幸與不幸也，但作者同為義大利人，是義大利人的光彩。

羅浮博物館裏其他名畫還很多，不必細舉。

羅浮博物館建於十六世紀。一六六五義大利的大藝術家貝尼尼（Bernini ）應邀設了一份布洛克式的建築計畫，但不合法國人的口味。一六六七—一六七三年由 Claude Perault 指導建築，到現在有三百年以上的時間。

凡爾賽宮

凡爾賽宮也是最值得參觀的地方。這座極盡人間豪華的皇宮，原來是路易十三打獵的地方，他非常喜歡此地，起初只建了幾座打獵的小築，一六三一年添建了更多更寬廣的采邑，直到路易十六，才變成現在的凡爾賽宮。這座皇宮，把法國弄得民窮財盡，路易十六和皇后也先後斷送了生命。但是，如果沒有當時皇室的窮奢極慾，也就沒有今天的凡爾賽宮。當年的法國人受苦受難，今天的法國却以此為榮，眞是失之東隅，收之桑榆。如果我們的阿房宮不是木頭造的，也像義大利、法國的建築都用磚石，那項羽的一把火就燒它不掉。國人太不愛惜我們自己的文物，隨便毀棄，實在可惜。

參觀凡爾賽宮首先看到的是「帝王門」，帝王門楣和鐵欄杆上的箭頭都是金的，其他部份也是金鐵交錯，十分精美。法國革命時曾經搗毀，路易十八重建。

此外我們可以參觀皇家禮拜堂、海格力士畫室、豐富畫室、維納斯畫室、月亮女神畫室、戰神畫室、使神畫室、太陽神畫室、戰爭畫室、鏡廳、會議室、帝王私室、皇后臥室、路易十五臥室、路易十六遊戲室等數十處。每一處都金碧輝煌，極盡富麗豪華，室內陳設保存得十分完整，一如當年。家具腳多為野獸形狀。簽訂凡爾賽和約的桌子是

橢圓形的，椅子曾失竊，後又原璧歸趙。據說當年建凡爾賽宮，法國人還不會作鏡子，特地請了一個義大利人來作。

凡爾賽宮的後花園很大，設計富有對稱之美，這也是凡爾賽宮一大特色。後花園有人物雕像，有水池，有茂密的樹林，這是當年路易十三打獵的地方。

凡爾賽宮的一桌一椅乃至一草一木，都耗盡了專家的心血，設計之巧，舉世無匹；當年帝王生活之豪華亦無出其右。因爲它建築在山坡上，所以紅塵萬丈的巴黎盡收眼底。

拿破崙墓與兵器館

法國矮子拿破崙，一世之雄也，最後雖然兵敗滑鐵盧，死於聖海倫娜（一八二一年五月），可是法國人對於他們的民族英雄敬愛有加。他死後七年，得到英國人的允許，把他的遺體運回法國安葬。九月十五日暴風雪，全巴黎的法國人都參加了他的喪禮。直到今天，拿破崙銅棺還是保持得好好的，另外還有八個軍人抬着屍體的雕像。每天前往參觀的人絡繹不絕。

鄰近拿破崙博物館的是拿破崙兵器館。許多大砲、槍械、軍旗，都陳列在廣場、室

內。那些大砲在今天看來還是龐然大物，砲不但大，砲管上面還有許多雕刻，甚至有男女擁吻的雕像，這眞是浪漫主義與英雄主義的混合產物，代表了拿破崙的精神思想和人格。

鐵塔與塞納河

巴黎艾菲爾鐵塔（Eiffel Tower）也是舉世聞名的。現在東京雖然也有一座，並且高於艾菲爾鐵塔，但這是模倣的，不足爲奇。正如巴黎的凱旋門，模倣羅馬的君士坦丁大帝的凱旋門一樣，沒有創造價值。

我是從羅浮博物館沿着塞納河走到艾菲爾鐵塔的，來去大約有十來公里，這樣可以欣賞塞納河兩岸風光。

塞納河不寬，比淡水河還窄，但兩岸是寬濶的馬路，整齊雄偉的建築，河中也有大型遊覽輪船通行，不過春寒料峭遊客稀少，兩旁也沒有咖啡座，更沒有寫生的畫家，如果是夏天那就熱鬧了。

艾非爾鐵塔近在塞納河邊，有電車上下，但只能上到中間。登上鐵塔，縱目四望，全巴黎盡在眼底，連凡爾賽宮亦在視線之內。不上鐵塔，不知道巴黎完整的美，巴黎高

聳的房屋不多，大部份都是四樓的建築，看起來相當整齊，只有少數火柴盒式的新建築矗立在新社區，但不刺眼。不上鐵塔，我也不知道法國人的自尊心那麼強，在別處我沒有遇上不講英語的法國人，在鐵塔上我碰了一位中年法國人的釘子。但我不怪他，反而肅然起敬，世界上居然還有以自己的國家和語文爲榮的人？我這個來自東方不肯低頭折腰全盤西化（美化）的中國人，總算遇上了臭味相投的法國人。一個有悠久歷史文化的國家，一個所謂高級知識份子，輕視自己的文學藝術，向洋人認同，擁洋人以自重，還有什麼比這種否定自己皈依別人更幼稚可恥的事？

香榭利舍大道

巴黎的街道比羅馬寬敞，尤其是香榭利舍大道特別寬，兩旁樹木茂盛，房屋漂亮整齊，銀行、航空公司、大電影院、大商店都在凱旋門附近。街邊咖啡座亦不少，這些咖啡座在臺北任何街道都要算是違章建築，而法國人却怡然自得地坐在裡面透過玻璃窗看街景和過往行人。他們都是紳士淑女，靜靜地坐着，而不是口飛白沫地在擺龍門陣。（座位很擠，沒有在四川坐茶館可躺可坐那麼自由舒適。）法國人和義大利人一樣懂得生活享受、生活情趣，在香榭利舍大道也看不到匆匆趕路的人，他們從容不迫，顯得相當

悠閒，沒有美國人「時間就是金錢」的觀念。但法國人似乎很會做生意，在一家香水店裡，一位有東方血統的女店員，儀表、風度、口才都十分好，一位法國太太被她的如簧之舌說得眼花撩亂，買了不少香水，那位法國紳士也心甘情願地大掏腰包。

法國人也注重穿着，無論男女，服裝都相當整齊，尤其是中老年人，沒有衣冠不整的。（不像美國人，亂七八糟穿衣服，看來很不調和。）在香榭利舍大道行走的人，都有紳士淑女派頭，顯出法國人的教養和風度。

喬治桑與菠特萊爾

巴黎相當大，但沒有擁擠的感覺。如羅浮博物館位於市區中心，交通發達，來往的人很多，可是羅浮博物館前面是廣場，後面是塞納河，旁邊又有一個大公園，因此顯得相當空曠。

巴黎有多少公園？我不清楚。楊允達兄另專程帶我們去參觀過盧森堡公園，為的是看喬治桑（George Sand）和波特萊爾（Charles Baudelaire）的雕像。

巴黎的公共場所雕像也多，而且不限於政治人物，藝術家、文學家的雕像反而更多，這和義大利正好相同。我們却和他們相反，文學家、藝術家始終吃不到「冷豬肉」。

如果曹雪芹生在西方，那他們會捧得比莎士比亞高得多，可是莎士比亞的作品早已列爲我們外文系的教材，而「紅樓夢」卻擠不進中文系的正式課程；莎士比亞生日、忌日，我們有人大做文章紀念，曹雪芹的生日、忌日從來沒有那個學校或文藝團體想起過，而所謂紅學專家也者，仍然在走迷魂陣。

曹雪芹是窮死的，生時受盡了煎熬，死後也吃不到冷豬肉，有那位仁人君子、文藝運動家，會爲他在台北新公園立個雕像？（註）

喬治桑、波特萊爾之流，在文學上怎麼能和曹雪芹相比？但法國人爲他們在盧森堡公園立了雕像。這種雕像對於已死的他們自然毫無意義，但是對於後人卻有啓發教育作用。

喬治桑的雕像不怎麼美。波特萊爾的雕像卻能顯出他是一位心理和精神狀態不大正常的詩人。這位「惡之華」的作者對於我們的現代派詩人卻有很大的影響，正所謂「東施效顰」也。文學創作決定於個人的氣質，張三是張三，李四是李四，是不能也不應該模倣的，鸚鵡雖能學人言，但鸚鵡是鸚鵡，永遠不能變成人。雖然狐狸也會變人，但變來變去，總會露出尾巴。

一九七七（民國六十六年丁巳）於台北

吳又註：二〇〇八年六月二十六日我在上海參觀大觀園時，我已八十九歲，幸而看見了曹雪芹塑像，和那首五言[illegible]絕句可告慰曹公[illegible]

二〇〇八年九月一日補註

藍天・白雲・春雪・丹麥

歐洲國家雖多，但面積不大，幅員還不如我國大陸之廣，如果坐飛機，不管到那一個國家，眞是轉瞬即至。

從巴黎到哥本哈根，原先我以爲總得三四個小時，其實兩個小時都不要。

我到歐洲以後，一直是好天氣，沒有下過雨。從巴黎飛哥本哈根，天氣也很晴朗。從離開臺北起，坐飛機的最大享受，就是欣賞蔚藍的天空，以及飛機下面的白雲。

雲是變幻莫測的，有時像厚厚的白色地氈，無邊無際；有時像片片魚鱗，若斷若續；有時像綿延不斷的山脈，千山萬嶺，層巒起伏；有時像洶湧的波濤，捲起千堆萬片雪；有時像新娘的披紗，仙女的腰帶，飄飄忽忽；有時像大草原上的羊羣，推推擠擠，難以數計。

天空是廣闊的，無際的。在萬里無雲時，也可以欣賞天空的遊騎兵，其他的波音七四七，在蔚藍的空中寫着長長的一字。你的思想也可以自由奔馳，速度遠超過波音七四

七。

從巴黎飛往哥本哈根途中，我就憑窗欣賞北歐天空的雲霓。雲是浪漫的詩人，無拘無束。雲是不繫之舟，自由漂泊。在地球上擠得透不過氣來，一旦飛升到萬公尺以上的高空，看看頭上的藍天，腳下的白雲，自然會產生飄然超然的感覺。這是一種在地球上難以得到的享受。

哥本哈根是一個海島，在飛機上看下去到處是水，海拔很低，陸地幾與水平。

哥本哈根是丹麥的首都，但不是一個大都市，比羅馬、巴黎小得多，但它是一個寧靜乾淨的都市。

起先我以爲哥本哈根很冷，其實不然，三月底的氣候與羅馬三月初的氣候相去不遠，和臺北嚴多的氣候也差不多，冬季西服上加件大衣就行。再則我以爲此地天黑得早，結果也沒有猜對，它和巴黎天黑的時間幾乎相同。

哥本哈根的治安最好，丹麥人極有禮貌，英語十分流行。逛街有安全感，非常方便，又由於地方不大，不怕迷路，想到什麼地方就到什麼地方，在其他歐洲城市不敢如此。

丹麥社會是個富足、和諧、平等的社會，看不到窮人，大家的穿着都很整齊講究，

更不像義大利到處有人伸手要錢。女人也開公共汽車（沒有車掌），服務態度極佳，問站下車，她會不厭其詳地告訴你。無論在汽車上、街上、公共場所，都沒有見過有人惡眼相向、反唇相譏、大聲吵架或是看一眼攮一刀子的事更是神話了。他們不標榜禮讓，可是禮讓自在其中。

報紙雜誌或口頭上有不少人把丹麥形容為一個男女關係極為隨便的國家，甚至把丹麥說成一個幕天蓆地的原始社會，但我從來沒有看見丹麥男女在街頭廝混。在義大利隨時可以看見到青年男女在街頭親吻，在哥本哈根卻沒有見過。巴黎紅磨坊附近的性商店比哥本哈根多得多，紅磨坊的流鶯倚門賣笑極為普遍，在哥本哈根就看不到賣笑的女人。性商店則常有成年男女相攜進去參觀，大大方方，一點也不藏頭露尾、大驚小怪。未成年的男女却不進去。據說丹麥幾乎沒有強暴事件，這就談不上妨害風化了。

哥本哈根雖無熱鬧的夜市，但晚餐後在街上逛到九點鐘還可以看到行人。而晚上我在旅館裡却睡得最安靜，簡直鴉雀無聲，像一座深山古寺，這是出國以來和我在國內所未有的經驗。

第二天清早起來，看看窗外正在下雨，這是二十多天來第一次看見下雨，而且天空灰沉沉的，頗有雪意，不是生長在大陸的人不會有這種預感。

吃過早點後去英國大使館辦護照簽證。到達領事館時已稀稀落落地下着雪。根據經驗這是下雪的前奏。果然，不久就飄起雪花來，不過不是鵝毛般的大雪片。雪花先後飄了大約兩個小時，只是地上沒有多少積雪，因爲這是春天。猶憶民國二十七年，大流亡之前，陰曆三月，故鄉還下了一場大雪，積雪盈尺，數日未消。靠近北極的丹麥，陽曆三月底飛雪，不足爲奇，可惜下得不久、不大，我真想看一場漫天匝地的大雪。我到丹麥來的一大願望就是爲了賞雪，總算老天不負有心人，下了一場小雪應景，二十八九年來，我終於第一次看見飛雪了。

丹麥是一個富足、和諧、富有人情味的小國家， 國父所謂的「大同世界」的縮影，我在哥本哈根度過了輕鬆愉快無憂無慮的兩天，留下了美好的記憶。

我是「騎」着波音七四七來的，我也是一片雲，一片今天東、明天西的揹着旅行袋的雲。

一九七七（民國六十六年丁巳）於台北

江戶・皇宮・御苑

銅臭之外有書香

從舊金山到東京，完全是夜間飛行，在夏威夷停了個把鐘頭，便直飛東京，到東京時已是清晨了。

羽田機場顯得陳舊，不如歐洲國家的國際機場新穎豪華，也比不上紐約、芝加哥、舊金山機場。

東京人口居世界大都市第一位，地區也十分遼濶，我又是第一次到東京，事先也沒有和別人約好接機，幸而在飛機上有一位日本青年坐在我的旁邊，我向他打聽了一下東京的情形，恰巧他家住新宿，我訂的旅館在中野區，是本省一位蔡先生開的和光俱樂部，和他的方向路線相同。本來我打算和他一道坐火車去旅館，在機場和蔡先生通電話之後，他說有車子來接我，我便要這位日本青年和我一道坐車到中野，他很高興。在機

場等了一個鐘頭，蔡先生的車子才開到。我們沒有見過面，他憑我在電話中告訴他的服裝顏色和肩上掛的旅行皮包，一下就認出來了。他是一位精明能幹的中年人。凡是在外國打天下而有一點成就的中國人，都不簡單。眞所謂「沒有三兩三，不敢上梁山。」

東京的確是一個擁擠的大都市。房屋擁擠，到處櫛次鱗比，看不到一條寬濶的大馬路，從上面向下看，也沒有羅馬、巴黎、哥本哈根、倫敦、芝加哥的房屋整齊美麗，雖有西式的高樓大廈，但也有低矮的日式的建築，是東與西，新與舊的混合體，顯得不大調和。交通自然也很擁擠，但不算紊亂。

蔡先生先將那位日本青年送到新宿車站。新宿的新式建築不少，那些正在興工的高樓大廈，儘量向天空發展，一眼望去，彷彿是在紐約；東京鐵塔遠遠望去也和巴黎鐵塔一模一樣。蔡先生還特別向我介紹這座鐵塔，但我對這座拷貝鐵塔毫無興趣。東京鐵塔不過證明日本人善於摹倣而已，不論它比巴黎鐵塔高幾公尺，除了顯示日本人由自卑心理轉爲自大狂之外，沒有什麼意義。

蔡先生的俱樂部是一個日式旅社，客人都是臺灣去的中國人，有家庭味，和西式大飯店大異其趣。

原先我以爲中野是一個偏僻的地方，因爲這家俱樂部與羽田機場的距離相當於基隆

到臺北的距離，其實中野也是一個大區，東京市就是由這些區組成的。

東京不但地面擁擠，地下鐵路也比巴黎、倫敦地下鐵路擁擠，習慣了假日臺北火車站天橋上的擁擠，才能適應東京地下鐵道車站的擁擠。

樂恕人兄特別陪我逛一趟黃昏的銀座。銀座是東京的心臟地帶，報業、商業中心，但街道不寬，以東京之大，人口之多，照理應該有幾條巴黎的香榭利舍大道才是，可是連我們的仁愛路園林大道那種的街道都沒有。東京雖然是世界第一大都市，但是缺少大都市的氣派、規模。

東京街頭已經很少看見日本女性穿着和服，黃昏的銀座却有三三兩兩穿着和服的日本女性在擁擠的人羣穿過，穿過大街，穿過小巷，如翩翩的蝴蝶，穿過花叢、林間。這是上夜班的特種職業婦女。韓戰使日本人成了暴發戶，使日本人從瓦礫堆中、飢餓邊緣站了起來。據恕人兄說戰後的東京，卽使是良家婦女，只要有一頓飯吃，也呼之卽來。但今天的日本已經是經濟大國，老百姓也都豐衣足食，而且紛紛出國觀光。難怪我在歐洲碰上的黃皮膚遊客，幾乎是清一色的日本人，成羣結隊，到處參觀，二三十年的時間便來一個大翻身，從貧苦的泥淖中跳進了天堂，其所以如此，一方面是日本人的努力，和國內沒有動亂戰爭所造成的機運。

銀座不但有大百貨公司，各種大企業，也有小吃店和不少畫廊。日本人在這方面倒很可愛，銅臭之外，還有書香。他們有了錢還要文學藝術，這不是附庸風雅，是生活中的一部份，這和我們是一個強烈的對比。

東京是在一八八六年明治維新，皇室從京都遷江戶後改名的，到現在還不到一百年。

江戶成為日本全國的首都，改名東京，不過百年的歷史，發展得這麼快，是我國歷代首都所沒有的。但東京已經失去了江戶時代的古色古香，不但缺少中國味，日本味也日漸減少。所以我還是喜歡「江戶」這個名稱。

宮牆柳・麗人行

在東京我熟人不多，樂恕人兄陪我逛了銀座之後，我不好再麻煩他；而李嘉學長又回到臺北。幸好東京跡見學園女子大學講師，也是拙作「白雪青山」的譯者兵頭小姐，介紹了我國留日學生聯合會主席沈文良先生夫婦和我認識，他們兩夫婦偏愛拙作，十分熱忱。沈太太上班，不便請假，沈文良先生在讀博士學位，特別抽空帶着掌珠和兵頭小姐一道陪我遊歷皇宮和新宿御苑。

德川家康開府江戶的第二年，就開始修築居城，從諸侯俸祿多少，攤派伕子材料，皇城巨石都是從伊豆半島海運來的，經過了三十二年，到第三代將軍家光時，才築成了這座規模宏壯的皇城。這和意大利的許多建築以及法國的梵爾塞宮，不惜花費時間金錢，力求雄壯精美，大同小異，意大利翡冷翠的聖瑪琍亞天主教堂的彩色大理石都是從不同的地方一塊塊運來，從一二九六年開始，直到一八八三年才全部完成，先後經過五百七十八年。由於石材的堅固耐久，所以意大利的建築都是千年不壞的。日本皇城內外的許多巨石，雖不能與意大利的大理石媲美，但堅固耐久則一。

皇城是中國式的，和歐洲的城堡不同，城外有一條幾丈寬的護城河，種了不少柳樹，這正是陽曆四月上旬，在我國江南正是桃紅柳綠，草長鶯飛的時候，在東京也正是柳綠櫻紅，春光明媚的日子。護城河邊的柳樹搖曳生姿，柳條拖到水面，彷彿身在江南，不像翡冷翠的柳樹那麼孤單、冷落；加上幾隻白天鵝在柳樹下的碧綠的河水上悠悠游動，又比日內瓦湖上的白天鵝在廣潤的湖面追逐，更富有詩意和東方情調。

這天遊客很多，但大部份都是日本鄉下人，老頭子、老太婆也享受日本的經濟成果，帶着一身的泥土氣來到萬丈紅塵的東京，來到他們過去覲爲神聖之地的皇宮，他們沒有想到，戰敗了的日本，反而比戰勝的國家獲得更多的成就，更大的幸福，這些鄉下老

年人都是經過第二次世界大戰的，其中有些一定當過「皇軍」，到過南洋，打過中國，幸而未死，日本軍閥大東亞共榮圈的迷夢，帶給他們的是死亡、痛苦（給別的國家造成更大的禍害），戰敗的日本，民主的政府，却帶給他們夢想不到的幸福。

他們列隊在皇城內慢慢走動，秩序很好，儘管眼睛東張西望，却沒有人爭先恐後，他們像一羣很守規距的小學生。他們也許不知道那些大石頭是從那兒搬來的？但那些大石頭會給他們一種光榮的感覺，一種歷史的滿足；他們也許不知道那些紅雲剛退的櫻樹是什麼時候栽的？但那凋零的櫻花會使他們產生一種休戚相關的民族情感。

陪我一道遊皇宮的兵頭小姐是日本戰敗的第二年出生的，她的家庭也遭遇過經濟挫折，但是現在很好，她是幸福的一代，她不知道戰爭的痛苦，和我這個中國人也沒有一點隔閡，她在和平、繁榮、富足、民主中長大，她眼中的皇宮和那些老年人眼中的皇宮不同，她對天皇沒有神秘感，皇宮也不過是一處名勝而已。她是學文學的，沈先生在國內學電腦，在日本却改讀文科，他們對文學都有信心。我們遊皇宮時談的也是文學問題。兵頭小姐除了和我校正拙著中的一些她不大明白的問題外，還告訴我一些中日文字的差異，我的原作三言兩語可以表達的思想情感，她譯成日文往往要多用很多文字，從她的談話中我才知道日文遠不如中文簡練。難怪韓國本來想廢棄中文，結果發現韓文不夠

用，又非多讀中文不可，日本亦復如此。這兩個國家以中文作基礎發展的文化，還是拋不掉中文。但是這三個國家的遭遇和感受卻大不相同。日本、韓國借助中文，我們有些作家卻去借助洋文，即使不識洋文，也要用方塊字造出洋化的句子，因此所寫出來的作品，不但讀者看來如墮五里霧中，作者自己也未必有清晰的意象。少數小說作者愛弄這個調調，現代詩人，則趨之若鶩。捨己之長，用人之短實在得不償失。儘管日韓兩國文字不如中文，而日本作家卻最爲幸運，他們是日本社會的天之驕子。韓國次之。另一方面，我們早已把中國古典文學用進茅厠坑裡，日本在這方面卻有不少保存，而且特別受人尊重，如果談考據，我們很難考過他們。兵頭小姐繙譯拙作，就得力於她的漢學老師不少。

幾樹紅櫻，千條弱柳，和從伊豆搬來的巨石以及吹面不寒的春風，淡淡的浮雲，很有助於我們的遊興，是詩的，而不是散文的遊興。沈先生的活潑的四五歲的掌珠，在青草地上蹦蹦跳跳，在櫻花樹下轉來轉去。益發顯得這是春天，一個雲淡風輕，櫻花撲面的春天。而我身在皇宮，雖然感觸很多，也不覺得自己老了。

八重櫻紅雲似海

爲了觀看最美麗的八重櫻，兵頭小姐和沈先生又陪我坐地下鐵路火車到新宿御苑。新宿御苑是有很重的中國味的庭園建築，在臺灣已經很難看到這種風格的庭園。從皇宮和御苑可以看到日本本來的面目，這是在銀座和其他地方看不到的。正如外國人來到臺北，只有在故宮博物院才能看到中國的本來面目，看到中國文化，在臺北街頭是看不到眞正的中國的。

一到新宿御苑，我就有一種似曾相識的感覺。我先在池塘邊的亭子裡坐了一會，看看水面的落花，喋唼的游魚。沈先生說多天還有大雁飛來，落在池塘裡，這眞是奇事，一千多萬人口的東京，大雁居然敢在這市區中心棲息？可惜這不是多天，我眞想看看二十多年沒有見過的大雁。

御苑裡種的是重瓣、花色緋紅的八重櫻，八重櫻比吉野、山櫻遲開幾天，而新宿御苑卽以八重櫻馳名，每年盛開時，日本首相便有一次賞櫻招待會，邀請外國及本國顯要觀賞，我雖然沒有碰到這種盛會，但我來得正是時候。

因爲八重櫻是重瓣，所以花朵特別大而美，滿樹都是花，一片緋紅，沒有雜色，日

本人稱爲「櫻雲」，眞是美麗極了，御苑裡的草地上無數棵一丈多高同樣大小的櫻樹，同時開放，這種美景，眞會令人歡欣欲狂。妙的是我來時不是假日，遊客很少，我們三個大人帶着一個小女孩，自由自在、無拘無束地在花下徜徉，隨意聊天，眞是人生難得的一次享受。面對美得出奇的八重櫻，不禁想起「紅樓夢」裡的黛玉葬花，可惜她葬的不是櫻花，如果大觀園裡有新宿御苑這麼多的八重櫻，那曹雪芹更會妙筆生花，一定會寫出好幾回廻腸盪氣的文字，寶玉黛玉一定會哭倒在八重櫻下，黛玉和湘雲聯句更會聯個沒完，我們也可以多讀許多好詩。也許寶玉不寫「芙蓉誄」而寫「櫻花誄」了？也許他爲了迷戀八重櫻而捨不得離家出走了？日本有了這個充滿浪漫詩意的御苑，有了這麼多美麗的八重櫻，日本人竟寫不出「紅樓夢」這般作品，實在可惜。是日本人的哲學境界和文學境界還差一級嗎？爲什麼他們只知道在櫻花樹下狂歡痛飲呢？怎麼不把這份情感昇華？外爍而不內斂，便不能更上層樓。三島由紀夫的剖腹自殺，正是不懂內斂。一位偉大的小說家，豈能止於航空隊的旋風隊員？而川端康成則是一個先天悲劇性的人物，一個諾貝爾獎金就把他壓死，實在太孱弱了，這兩種極端型態的作家，均非大器，只有曹雪芹這種窮得沒有飯吃，仍能聲若洪鐘，談笑自若，得其所哉的作家，才是人間瑰寶。今天的松本清張，儘管每年收入高踞十大作家之首，合臺幣上億，但他的作品不出

推理範圍，文學云乎哉？作家不是守財奴，不是聚寶盆，金錢之外，還有更有價值的東西，日本這麼好的創作環境，應該產生更有價值的作家才是。但是個人氣質和文化背景決定作家的高低，這兩者能否在日本作家中巧妙的結合，是一大問題。我希望日本作家不要辜負了那麼好的創作環境。

我們在御苑八重櫻下流連了兩三個小時，直到下午五點關門時才不得不離開。

我希望以後有機會再來。

江戶中國讀書人

沈先生請我在新宿「隨園別館」吃晚飯。這家飯館的老闆原是臺北火車站對面開小吃店的，幾年前來到東京，生意作得不錯。

沈先生叫了很多樣東西給我們吃，樣樣都很可口，他的掌珠也胃口大開，兵頭小姐也吃得津津有味。

我們快吃完時沈太太才下班匆匆趕來。她是一位身材修長秀外慧中的典型中國女性，富有文學家藝術家的氣質，而又豁達開朗，現代中國女性像她這一型的人已經不多。我能在東京認識他們賢伉儷，應該說是個「緣」字，也是個「數」字。我們的年齡大約相差一倍，但是我們沒有「代溝」。我很少同讀書者接觸，想不到在異鄉異國遇到這兩位

這麼愛護我的讀者。

沈太太在東京作事收入相當高，沈先生以前半工半讀一個月也賺兩萬多元（臺幣），他說東京人工貴，中文打字三四小時就要兩千多元臺幣。巴黎、紐約賣勞力的人也賺錢多。日本人一般收入每月多在臺幣兩三萬元，國民平均收入相當高。但是我們四個大人一個小孩在隨園別舘吃個飽却只合三百多元臺幣，比臺北還便宜。

他們兩夫婦對自己的前途充滿信心，我也希望他們在中日文化交流方面有實際的貢獻，事實上他們和兵頭小姐也是很好的朋友，沈先生又是三千多位中國留日學生的領袖，他是一個謙和而實在的青年人，我相信他會有作爲，他能排除許多親人的成見，改讀文科，卽非泛泛之輩。希望日本的良好環境，能夠培植出一兩位新的中國作家。

飯後他們兩夫婦和兵頭小姐又陪我到中野車站，然後兵頭小姐回杉並區住處，沈先生夫婦帶着掌珠回橫濱。這是我在東京最有意義的一天，我眞感謝他們三位的盛情。

一九七七（民國六十六年丁巳）於台北

秋遊北海道

想像中的北海道是一個寒冷、荒涼的地方，但一踏上北海道，立刻發現耳聞不如目見。北海道是一個非常好的地方，尤其是秋高氣爽的九月間。扎幌、函館平均溫度是攝氏十六點九度。

北海道分為南道、央道、東道、北道，面積比臺灣大一倍多，人口只有五百多萬。札幌是北海道的首府，第一大都市，屬於央道。函館是北海道的第三大都市，屬於南道。旭川是北海道的第二大都市，在大雪山國立公園區，屬於北道。北道、東道都沒有時間去，只遊了央道和南道的名勝之區。

從東京飛札幌，只一個多小時的航程，在千歲空港（機場）降落，便驅車向札幌進發。沿途平原綠野，有不少玉蜀黍田，鄉間房屋多是平房紅頂，不用瓦而用一種特殊的不易積雪的建材作頂，坡度較大，使雪易於滑落，很有北歐的風味情調。

札幌是一個十分現代化而又特別富有北歐情調的大都市，街道寬敞、整潔、安靜，

沒有噪音，沒有黑烟，交通秩序良好，空氣清新。我們不先去皇家旅社，而去冬季滑雪場參觀，在滑雪場鳥瞰札幌市，星羅棋布的房屋盡收眼底，遠望十分壯觀。

滑雪場的跳台高而險峻，我們在影片裏所看到的柔軟如綿的皚皚白雪，即使跌一下也沒有什麼大危險。此時無雪，滑道是堅硬的水泥地。如果有人從山頂跳台躍下，一定粉身碎骨。場地沒有積雪，也就並不美觀。倒是陣陣秋風，送來北國的寒意。在臺灣體會不到這種秋的味道。山上的樹葉已經開始發黃，再遲十天半月，將是紅葉滿山，可惜我來早了一點。

札幌市區繁榮而不雜亂，貨物應有盡有，大規模的百貨公司也很多，凡是東京有的札幌統統有。從大阪到札幌，我覺得日本人是一個最有彈性的民族，也是多重性格的民族。荒唐時十分荒唐，如閉路電視、成人電影、色情表演到處都是，絕不下於北歐性開放的國家。可是工作之負責認眞，紀律之好，團隊精神之佳，禮貌之周到，也是世界第一。他們不像韓國人那樣自尊，甚至有點自大。他們實事求是，並不虛驕，能夠迅速地吸收別人的優點，而又不失自己的立場。明治維新以後進步之快，二次大戰之後復興之速，絕非偶然因素造成。以札幌來說，此地氣候近似北歐，它的建築就模倣北歐，以求適應。這樣一個能截長補短，善於應變適應的民族，是値得特別研究的。

日本雖然沒有洞庭、鄱陽這樣烟波萬頃的大湖，但日月潭般大小的湖泊卻不少。如富士山麓的五湖和蘆之湖都是相當美的湖，而且都在山中，仍然保持其自然美，不像日月潭，已經變得一天比一天俗氣。本州的蘆之湖，我最爲欣賞，它海拔比日月潭約高一倍，面積差不多大小，遊艇設備好，容量大，雖有別墅、觀光飯店，但自然景觀一點沒有破壞，仍然保持它那份清純、淡雅、脫俗，交通方便，但無塵囂。

北海道也有類似的湖泊，我們遊了兩個。一是支笏湖，二是洞爺湖。大沼國立公園也有三個湖泊，而以大沼最大。在大沼吃了一頓午飯，也欣賞了湖光山色。

支笏湖面積比日月潭大，最深處達三百六十多公尺，是北海道最深的湖泊，風景十分優美，湖在羣山中，樽前山標高一〇二四公尺，惠庭岳一三二〇公尺。這些奇山異水，構成支笏，洞爺國立公園風景區。

由於面大、水深、山多、支笏湖顯得格外澄清、幽靜。觀光旅社和許多禮品店，也鴉雀無聲，而且十分乾淨，不像我們的觀光地區的嘈雜髒亂。日本如此，韓國也是一樣乾淨。臺灣的觀光資源本來不多，如果不改善環境，便很難吸引觀光客人。看看人家，反觀自己，自然會發生這種感想。

洞爺湖和支笏湖大小相差不多，形狀稍異。支笏湖有點像腰子，洞爺湖略呈星狀。

洞爺湖最深處只有一百多公尺，但湖中有幾座相連的小山，更增加了山水之勝。

洞爺湖的觀光旅社又大又多，而且有一條相當長而又十分整潔的街道，賣紀念品的更多。洞爺湖的溫泉也很有名，每年五月十日至七月三十一日五十天的湖上焰火大會，都是吸引觀光客的大好條件。

清早起來沿着湖邊散步也是一大享受。

大沼地勢較低，大沼面積比小沼大得多。觀光飯店附近的前面白天鵝、野鴨甚多，而且都不怕人，遊客將食物拋到水中，天鵝與野鴨便成羣爭食，牠們完全變成了家禽。別處的天鵝沒有這麼大胆，野鴨更是見人就飛、就逃，此處野鴨與家鴨無異。在故鄉野鴨是美味，獵人行行覓覓，用盡心機才能打到一隻兩隻，大沼的野鴨却悠哉游哉在人前來去自如，十分愜意。

大沼是大雁最愛棲息的沼澤之地，此時還沒有看見一隻。我很懷念這種候鳥，正如懷念紅葉一樣。大概是我來早了，不然應該看到牠們。

白老町在東海之濱，這裏有倭奴民族資料館，還有好幾戶傳統茅屋，供遊客參觀。他們的茅屋都是一個模樣，相當寬敞，大門和三扇窗子向南開，東面只有一個窗戶，這個窗戶是獵熊時專作運熊進出之用，他們對熊很敬重，認爲熊是他們的上帝的守護神，

不能褻瀆。南門三個窗戶也各有用途。室內有一個火坑，是一個神聖的地方，酋長就坐在火坑旁邊向觀光客講述他們的歷史、風俗習慣、生活方式。室內不准照相，他可以站在門口和觀光客合影，也樂於爲觀光客簽字。他已經完全日化，講的是日語，只有穿的是傳統服裝。他像個小皇帝，也很風趣，講話時不時開導遊小姐的玩笑。有人說他不是倭奴族，是日本人化粧的。其實他是道地倭奴，我坐在前排，看見他手腕上叢叢的黑毛。他們是多毛民族，身上的毛又黑又多。他說他到過臺灣，他的經濟情況一定不差，光靠觀光收入，他的生活就夠優裕。他有一個大約三十多歲的兒子也在村裏，長得和他一樣，是未來的酋長。

他兒子帶着村子裏的婦女爲遊客表演了一場舞蹈。所有部落的原始舞蹈都大同小異。奇怪的是跳舞的都是中年以上的婦女，沒有一個年輕的女孩子。村子裏也看不見年輕男人，酋長的兒子是唯一的例外，大概年輕男人都向外發展去了。

函舘不但是北海道的第三大都市，而且是一個非常優良的海港，港灣寬闊，形勢極佳，以前稱爲箱舘。

函舘最著名的地方是五稜郭。五稜郭爲星形，安政四年，一八五七年動工興建，元治元年，一八六四年完成。由武田斐三郎設計監督，四周有護城河，是一個要塞重地，

也是明治二年五月「箱根戰爭」的決戰之地。

五稜郭守將榎本武揚終於敵不住官軍的總攻擊，開城投降，他曾寫了一首沉痛的漢詩紀事：

孤城看將陷　軍氣亂如絲
殘卒語深夜　精兵異昔時
單身甘就戮　百歲總徂期
成敗兵家事　何須苛論爲

可見榎本武揚不但是一員戰將，也是一位詩人。他這首漢詩寫得很不錯，英雄末路，令人惋惜。

現在的五稜郭，是一個觀光勝地，從展望塔上看下去，星形畢現，城郭依然，樹木青葱，圖案如畫，這是全世界唯一無二的特殊建築。武田斐三郎設計之巧，嘆爲觀止。他不但是一位工程師，也是一位軍事家，二者合而爲一，才能有這樣的傑作。

女子修道院也是函館的觀光之地。據說當年只有八位修女，現在增至百人，她們自耕自食，生活起居情形不讓遊客參觀，我連大門也沒有進去。歐洲的大教堂、修道院我參觀過不少，我對於天主教、基督教都沒有興趣，「創世紀」已經無法自圓其說。

登函館山看函館市夜景是旅遊北海道的最後節目。函館山標高三三三・八公尺。踞高臨下，一目了然。函館市兩邊都是海灣，市區略似英文字X形，更像我們的壽字圖案。入夜燈光燦爛，如千萬明珠撒落玉盤，是一奇景，特別富有圖案美。

北海道古稱蝦夷，是倭奴族居住之地，日人開發時間雖然不長，但已完全現代化，北海道除漁農產品外，日本著名的雪印乳業，啤酒工業，都在北海道。它的面積大臺灣一倍多，人口卻少兩倍多，發展潛力極大，再配合天然美景，發展觀光事業，十年八年之後再去，一定要刮目相看。北海道的建設，也可以作為我們的借鏡。

原載71.10.16.中央日報「晨鐘」副刊

韓國行

一

第二屆中韓作家會議九月十三日在漢城舉行，韓國是我未曾去過的緊鄰，很想看看這個在強敵虎視眈眈之下的友邦，因此應邀前往。

漢城和臺北時差一小時，飛行時間不到三小時，交通便捷，可謂瞬息即至。在飛機上首先看到的韓國陸地，自然是濟州島，而後鳥瞰半島，此時尚屬初秋，北國仍是青山翠谷。不過韓國的山看來都不高，只能算是丘陵，沒有臺灣玉山、新高山那樣高聳入雲，也沒有阿爾卑斯山那般巉巖嶙峋。飛近漢城時才看到一列不高的石山，上面樹木稀疏，予人一種強悍悲愴的感覺，我也彷彿嗅到一絲絲韓國的民族氣息。

二

漢城是一個現代化的大城市，人口八百三十六萬餘人，他們自稱是世界第三大都市，實際上是第四大都市。以人口而言，漢城次於上海、墨西哥，自然更次於東京，但他們沒有把東京計算進去，由此我們也可以瞭解韓國人的心態。

我們住的是漢城廣場旅社（Seoul Plaza Hotel），在市政廳對面，這裡是漢城市區中心，大廈林立，街道整潔，交通秩序良好。我每天早晚在房間內臨窗俯視，沒有看見一輛機車，也沒有看見一輛巴士屁股後面冒過黑烟，綠色的計程車也循序而進，絕無爭先恐後的情形。爲了下屆世運會趕建、增建地下鐵的工人，每天一大清早都準時來到工地，勤奮地工作，那些堆在地上的鋼筋，也整整齊齊，不是亂七八糟。而工人的待遇卻相當低，據說還不夠維持一家人的生活，但他們精神奕奕，朝氣勃勃，沒有一點懶散的樣子，即使是大清早，我也沒有看見誰伸過懶腰。韓國政府決定在世運會之前完成十六線的地下鐵路。有兩天我利用清早時間，穿過地下街在漢城心臟地帶散步，發現那些二三十層的高樓大廈，無論從那個角度去看，格局、線條、顏色，彼此之間都很協調、優美，足見是很有計畫的建設。

不但漢城心臟地帶如此，漢江南岸的國民住宅區，那一排排的高樓，也整齊有致，色彩調和，表現出集體的建築之美。作爲一個現代都市，漢城地面的房屋、街道、環境衛生、交通秩序，都在水準以上；地下鐵正在積極增闢新線，地下街也有相當規模。韓國人求好心切，不但新的建設都經過精心設計，對於古蹟、文化財的維護更不遺餘力。漢城的景福宮就維護得非常好。文武百官朝見的「中政殿」，大宴羣臣的「慶會樓」，

還是往日模樣，「慶會樓」右面的「國立中央博物館」，陳列着上自石器時代，下至朝鮮末葉陷落日人之手的骨董文物，另有美術館、民俗博物館等。

韓國是一個開發中的國家，除了在物質建設方面投下了大量的人力物力，令人刮目相看外，在文化建設方面早成立了文化藝術振興院，院長是韓國作家宋志英，宋志英是韓國老作家，留華學人，和我國老作家早有交往，該院經費每年有五六十億之多，也實實在在地作事。韓國過去受中國文化影響很深，完全使用中國文字，李承晚總統的漢詩的造詣極高，他的作品功力意境，絕不在現代中國傳統詩人之下。但現在的韓國人卻力圖擺脫中國文化的影響，儘可能地取消漢字，街頭上已經看不見漢字招牌，他們即使承認過去使用漢字，但他們解釋說他們是利用漢字發展出自己的文化，尤其是韓國作家更表現出那種強烈的自尊。但他們使用的韓文是拼音，因此他們寫作也是怎麼說就怎麼寫。日本作家覺得日文不夠用，因此作品中使用了很多漢字，才能完全表達他們的思想情感。拼音文字有音無義，而音的變動性又大，較少永恆性。漢字是形、聲、義兼全，是東方人最好的寫作工具。西方文化雖然也多是拼音，但有字根，韓國作家去「根」不用，我真不瞭解他們用什麼方法寫好文學作品？這是我參加漢城第二屆中韓作家會議之後所產生的重大疑問。

三

我們離開漢城之後就南下參觀。本來安排了北上參觀板門店，因為臨時發生情況而取消。板門店離漢城只有三十五英里，軍事行動不過一天的時間，所以漢城是一個處在前線的首都。是一個「置諸死地而後生，置諸危地而後存」的城市。這也可以培養韓國人的戰鬥精神，使他們一點也不敢懈怠。那天我們參觀景福宮時就遇上防空演習，警察禁止行動，我們就在「慶會樓」荷塘邊的柳樹下休息，欣賞這座空無一人的中國式宮殿，想想當年韓國帝王在這裡大宴羣臣的盛況，忽興「萬里長城今猶在，誰見當年秦始皇」之感。

南下參觀的第一個地點是「韓國民俗村」。

民俗村設於漢城以南四十二公里一個山明水秀的山麓下，總面積二十二萬坪。所有的房屋建築都經過風水地理考據，依照朝鮮中葉樣式設計而成，表現了朝鮮社會各階層的生活起居情形，上自士大夫的豪門巨宅，下至平民的竹籬茅舍，甚至孝子閣、貞節碑，應有盡有，南北八個省分的特色亦盡在其中，各行各業一應俱全，連占卜算命的都有，是兩百年前韓國社會的縮影，一進入韓國民俗村，也彷彿回到民國以前的中國社會。韓國文化受中國文化影響之深，韓國民俗村也是一個最好的例證。

現代的韓國人雖從不肯承認韓國文化深受中國文化影響，但是他們對古文化的維護卻是費盡心血。如竹籬茅舍的民家，不僅是蓋個房子就算功德圓滿，房子裡面打掃得乾乾淨淨，屋內還有農人在打草鞋，屋角上還種了葫蘆，葫蘆藤爬上茅屋頂，結了葫蘆，有的還吊在屋簷下，院子裡也種了向日葵之類的庭院植物，向日葵已經結餅。其他如鐵匠店、木匠店、陶器店……都有人在打鐵、做工，舞台上也有人在跳土風舞。這樣的民俗村才是活的示範，不是死的陳列。

公路兩旁的現代韓國農家房屋有兩種模式，一種是比較新式的，屋頂上的瓦都漆成綠色、藍色或朱紅色，看起來賞心悅目，整潔有致；一種是傳統的韓國磚牆瓦屋，有圍牆院落，這種房屋和我們大陸房屋格局、形式差不多，但屋角屋頂更注重稜角，和我們的廟宇差不多，看起來有一種線條美。愈往南走，這種型式的農家愈多。但不管那種型式的農家，不論房屋大小，都整齊清潔，沒有破破爛爛，東倒西歪的情形，所以農村也有一種新興氣象。據說韓國政府規定房屋型式，不准自由亂蓋，老百姓也遵守規定，這也具體顯示出韓國人是一個紀律性強的民族，這種民族往往能發揮較高的集體效率。

四

從飛機上看韓國沒有高山，從地面上看亦復如此。因此韓國的山缺少奇峯秀嶺之美

，大多顯得平庸、踏實。可是法住寺四周的「俗離山」不同，山雖不高，但重巒疊翠，宛如人間仙境。「天下名山僧佔多」，法住寺的和尚眞是離塵脫俗，享盡人間清福。

法住寺建於公元五五三年，距今一千四百年，也就是佛教傳入韓國二十四年之後。這是一座大叢林，範圍廣大，大雄寶殿相當雄偉。寺中有一口大鐵鍋，相傳一鍋飯可供三千和尚食用，可見僧侶之多。

法住寺裏有很多東西都編號列爲國寶。如石蓮池編爲國寶六十四號，雙獅石燈編爲國寶第五號，捌相殿編爲國寶第五十五號，四大天王石燈編爲國寶第十五號。

凡是古剎名山，必然樹木森森，進入俗離山法住寺的通道就有兩公里的森林，路邊都是高聳入雲的古松和楓樹，使法住寺更爲幽深。這裏的松樹多而蒼勁，入口處有一顆獨立巨松，亭亭如傘，樹齡五八〇年，曾被某朝王封爲正二品官階，韓國政府也把它編爲自然紀念物一〇三號。

俗離山是韓國的國家公園，觀光勝地，有新建的觀光飯店，一條開闢不過十年的市街，馬路清潔得一塵不染，有一大片公園綠地，綠草如茵，松樹林立，還有網球場。一條清溪環繞市街，有山有水，出塵脫俗。如果我是韓國人，一定終老此地。

韓國人都很勤奮，一大清早就有成年人在打網球，青年學生三五成羣沿着溪流邊背

沙路跑步，商店老闆將店舖門前打掃得乾乾淨淨，花也澆好了，使此地空氣顯得格外清新，呼吸起來有一種清涼的感覺，人在此地俗念全消，長住當可延年益壽。可惜我只是一位過客，一天也不能多留，如果能住到紅葉滿山時節那該多好？我已經有三十多年沒有見過滿山紅葉了。嶽麓山的「滿山紅葉女兒樵」是我記得的舊作中的唯一詩句。俗離山的紅葉似乎更多更美，我不能搬走俗離山，只好帶一冊畫圖匆匆離開。

五

慶州是韓國的古都，自新羅統一韓國起，歷一千三百年之久，可以說是韓國的文化中心，直到今天仍然可以看出當年遺風。當地人穿韓國傳統服裝的仍然不少，男人很有紳士風度，尤其是老一輩的韓國男人，更顯得溫文儒雅，看他們穿着傳統服裝，拿着拐杖，從容不迫地在人行道上悠閒地散步，彷彿行吟詩人。在他們身上看不出一點韓國男人的粗獷之氣，和現代人的功利主義的色彩。他們有點像我們的蘇州人。蘇州人說話是輕柔的吳儂軟語，慶州人談話又慢又輕，不只慢半拍。除了歷史文化的影響之外，大概和遍地垂柳有關？不但街道兩旁垂柳千條，整齊的慶州河川兩岸，盡是垂柳，一眼望不到盡頭。弱柳柔絲，迎風搖曳，雖在秋天也能表現出柔情萬縷，如果是在陽春三月，那會更令人情意綿綿了。經過慶州，宛如回到江南，「兩個黃鸝鳴翠柳」的江南。

慶州是一千多年的古都，歷代王侯嬪妃埋骨慶州的自然很多，因此慶州陵園也是一大特色。那些從平地突起的蒙古包似的綠色巨塚，都是千百年的王侯坟墓，天馬塚是唯一的已被發掘的古墓，內部寬敞，中央爲停放靈柩遺址，用玻璃密封，四周陳列出土的葬品很多。

天馬塚的規模自然比不上埃及金字塔，但在東方的古墓中也非比尋常。而且陵園內綠草如茵，樹木茂盛，尤其是松樹，都很蒼勁。昔日王侯埋骨之地，今成觀光名勝之區，既保存了古蹟，也增加了觀光收入，的確是一舉兩得的事。

吐含山有兩處名勝，一是後山的石窟庵，一是佛國寺。

看石窟庵要走一段相當長的黃沙路，比進俗離山法住寺的那段路還長，幸好是一段林蔭路，有曲徑通幽的雅趣。

石窟庵背山面海，石刻釋迦坐像和四大天王立像，都是利用岩石雕琢而成的，刻工細緻，千年以前有此傑作，確屬不易，而地點選擇之佳，也足見地理行家的獨具慧眼。石窟庵形勢如太師椅，背山面向東海，據說太陽從海面升起時可以照到釋迦頂上的寶珠。日據時日人認爲此地有王氣，曾加以破壞。但如何破壞？破壞在那裏？行色匆匆，無法推究。

佛國寺也是一個大叢林，規模比俗離山的法住寺還大。佛國寺的自然環境不如俗離山的清幽，建築的宏偉則有過之。但無論寺廟的形式、佛像的雕塑都和我國大陸古刹大致相同，比臺灣寺廟氣象莊嚴、雄偉、古樸。佛教自我國傳入韓國後，很快深入民間，產生了深遠的影響。從這些寺廟的建築看來，可見佛教早已成爲韓國文化的極重要部份。

六

離釜山不遠的釜谷，是一個相當大的硫磺溫泉區。韓國政府積極發展觀光事業，正在努力開發。釜谷觀光旅社已經開始營業，其他正在興建中的旅社亦復不少。但就釜谷觀光旅社的設備標準而言，實在不夠水準，有的房間連電燈開關都發生故障，要工人修理也修理不好，我就遇着這種情形，只好另換房間。

旅社套房內有溫泉可供沐浴，水質透明而無氣味，地下還有大衆浴池，早晚均可使用。

我們在韓國參觀的最後一站是釜山，釜谷到釜山只有一個多小時的車程，十分近便。

釜山房屋相當擁擠，道路也比較狹窄，沒有首都漢城那種新興氣象，這完全是一個

海港都市。

飛離釜山，就結束了韓國的一周行程。

七

韓國是一個歷史文化相當悠久的國家，在日人統治韓國之前，與中國關係密切，尤其是文化方面，愈往上追溯，愈不可分，其有關歷史文物記載，全是漢文、漢詩。但是二次世界大戰之後，韓國獨立，李承晚之後，更處處表現其獨立自主精神，甚至在文化方面，現代韓國人也在劃清界限，書籍中很少看到漢字，商店招牌更全是韓文。一個國家的獨立自主自是好事，韓國人的發奮圖強，兢兢業業、自尊自重精神，值得我們欽佩，但過分的自尊，尤其是對過去的歷史文化關係，也下意識地想加以否定，未必明智。

日本人在這方面却大異其趣。我們在日本各地參觀訪問，無論大阪、奈良、京都、名古屋、甚至北海道的札幌、函館，處處都是漢字招牌，每本書都有漢字。在東京和日本作家漢學家開會時，日本漢學家金子昇先生還一再強調，要使他的學生多懂漢文，他決心多培植漢文人才，使他們能翻譯現代的中文作品。他還舉了一句話作例：「今天的天氣很好」，只是一句普通話，沒有文學意味，如果改用「良辰美景」四個字，那就是文學的語言了。金子昇先生的確不愧爲漢學家。他還說日本因爲感覺到日文不夠用，每年都

要增加幾十個漢字，這是日本漢學家的十分誠摯的心聲。可是我在中韓作家會議中指出韓國採用易經太極乾坤坎離四卦作爲國旗，以證明中韓文化關係密切時，主席金東里先生便馬上否認說，它另有涵義，與我們的易經無關。什麼涵義？他並沒有解釋清楚。全世界只有中國有易經、太極八卦，這是獨一無二的中國文化根源。聽了日本漢學家金子昇先生的一席話之後，再回想韓國小說家金東里先生的敏捷反應，使我感慨更深。

文化是互相影響互相激盪的，沒有那一個國家敢說她的文化完全未受外國影響。即使像中國這樣一個歷史文化悠久、地大物博人多的國家，也不敢說完全不受外來文化的影響，問題是吸收外來文化能否去蕪存菁？如果眞能去蕪存菁，蔚爲己用，那是有益無害的。在吸收運用外來文化這一方面，日本人的確聰明。

原載71.10.13.中央日報中央副刊

下集

知命樂天

孔子遊於匡，宋人圍之數匝，而絃歌不輟。子路入見曰：「何夫子之娛也？」孔子曰：「來，吾語汝，我諱窮久矣，而不免，命也。我求通久矣，而不得，時也。」

——莊子秋水篇

十歲以前，我就唸完了論語、大學、中庸、孟子，而且能從頭到尾一字不漏整本地背出來。當時讀書是不求甚解，甚至連老師也解釋不清楚。但是不管懂不懂，對於孔孟兩位聖賢眞是仰之彌高，尤其是「至聖先師」孔子，第一天啓蒙就向他磕了頭，不過我心裏更喜歡孟子，因爲孟子的話老師不講我也大致能懂七八分。

我爲了要知道中國文化到底出了什麼毛病？毛病又在那裏？五十歲左右我便自動研讀易經、道德經，這才恍然大悟孔聖人之外還有更高的學問，老子是眞正的高人。他對易經幾未置一詞，而他的宇宙本體論、相對論、以及人與宇宙關係的見解，無一不與易經若合符節，且多高見妙論，這是偏重人際關係的孔子所不及的。研讀了莊子以後，又

發現了孔子確有自知之明，自嘆不如老子遠甚。他曾請教老子，既視老子爲神龍，又坦白地對他的大弟子顏回說：

「丘之於道也，其猶醯雞與！微夫子之發吾覆也，吾不知天地之大全也。」

研讀了易經、道德經、南華經，我算是沒有白費功夫。我十分感慨兩千年來中國固有文化本末倒置，被扭曲太多。因此我寫了「中國文化的三條根」、「宇宙爲心人爲本——中國文化的眞面目。」、「中國文化的宇宙觀」、「人與宇宙自然法則」、「李約瑟與中國文化」等一系列論文。劉眞（白如）先生看了我第一篇文章「中國文化的三條根」後一清早就打電話給我，鼓勵我多寫這類文章，而且還屈駕來看過我。以前我們並不認識。

讀了秋水篇孔子和子路這段對話後，我覺得孔子雖然不及老子，但比現代人文主義者坦誠可愛得多，也通達得多，最少他不是一位狂人、妄人。

人無眞知，易自大自滿；小人得志，便趾高氣揚，因爲他們不知道自己在宇宙中是個什麼角色。

烽火餘生

往事不堪回首

民國二十六年七月七日，日軍在蘆溝橋挑釁，是處心積慮的侵略中國的戰爭。我軍忍無可忍，予以還擊，於是揭開了抗日戰爭的序幕。這場戰爭，日本軍閥原以爲三個月就可以滅亡中國，想不到一直打了八年，最後日本軍閥嚐到了侵略的惡果，向所有抗日的盟國無條件投降。但我國生命財產損失之大，又非其他國家可比。我們這一代人能活到現在的，實在是叨天之幸。當時我更沒有想到，今天還能提筆寫這種回憶文章！我們的子孫，已經不知道有那一場關係中華民族生死存亡的戰爭。他們沒有聞過那種血腥味，沒有嚐過家破人亡、餐風露宿的痛苦。也沒有赤脚穿過草鞋，沒有吃過「八寶飯」，自然難怪他們。即使是我們這些過來人，有些已經欲哭無淚，有些已經感情痲木，有些已經健忘了。因爲這些年來大家很少提起那場慘痛的戰爭，因爲它已經變成歷史了。

我生不逢辰，剛好趕上那場戰爭。

烽火燎原・長江嗚咽

我生長在長江邊上，故鄉是長江中游的通都大邑，早有租界；列強軍艦可以橫衝直撞地開進來。（白居易如果晚生一千多年，他的「琵琶行」就得改寫。）外國水兵那種趾高氣揚目無中國人的神氣也見得很多，日本人自不例外。因此自幼就有一種屈辱感。

「七七」抗日戰爭爆發之後，戰火一天天蔓延，從北方燒到南方，不到一年就燒到自己的家鄉。當日軍從上海打到南京，以至南京失守的那段期間，我幾乎天天到江邊去看從長江下游像螞蟻搬家一樣地連綿不斷的帆船向我的家鄉逃。傷兵也一船船運到。大街小巷到處是難民傷兵。我曾經到醫院裡慰問傷兵，至今我記憶猶新的是一位在上海蘊藻濱作戰的傷兵負傷多處，其中一處也是日軍機槍子彈打的，正好把他的生殖器從根部打斷。其他斷手殘脚的更多，這是我第一次體認到日本軍閥侵華戰爭的殘酷。

終於，戰火燒到家鄉。

當時學生反抗西方帝國主義和日本軍閥侵華戰爭的心理反應，我在長篇小說「靈姑」中有具體的描寫。

在那種時代背景之下，我離開了家鄉開始流亡。那年我正好十八歲。

流亡列車．亂世兒女

一個夏天的下午，我不知道是怎樣擠上南潯鐵路的火車的，我攀着車門口的把手，兩脚站在踏板上，晃晃蕩蕩地離開家鄉，沒有掉下一滴眼淚。今夜宿何處？明日又身在何方？心中一片茫然。但料定前途多險阻，必須自己去克服。車子吃喳吃喳地一路奔馳，人有時像懸在空中，已經無暇自哀了。

車子走走停停，在一個不知名的小地方，突然抬上一副擔架，上面躺着一位受傷的飛行員，大概是在馬當、湖口那方面受傷的，飛機自然是墜毀了。我曾經親眼看見過我們的空軍健兒和日機在上空互相追擊。我們的空軍雖然英勇，但是飛機的性能和數量居於劣勢，因此犧牲很大。這位空軍英雄躺在車門口的擔架上一聲不響，臉上却有一股英氣和堅毅的表情，看來頂多二十三四歲。空軍是最難考的，身體必須強壯，有一點沙眼都不行，我堂兄萬釗就是因爲沙眼刷下來的。我對這位負傷的空軍英雄內心有無限敬意，但無法表達。

車到沙河已是黃昏時分，湊巧看見一位同學在車站徘徊。他一看見我就要我留下來

，先在他家住一夜，商量以後的大事，他也決定走，但沒有伴，也不知道離開家鄉後該怎麼辦。

他的家離車站只有兩三里路，我到他家時天快黑了。他的房屋相當大，周圍都是稻田，稻穗結實纍纍，一片金黃，如果是太平盛世，這一定是個大豐年，可是人人都愁容滿面，誰也不知道能不能收割這次早稻？

到了他家我才知道他已結婚，新娘子是個典型的三從四德的少婦。看了這情形我不便勸他和我一道走，因爲他實是獨子，上有寡母，下有新婚的妻子，可是他決定要走。吃過晚飯後便收拾簡單的行囊，他母親沒有講話，他太太更沒有吭聲。他們演的完全是一幕啞劇，我是唯一的觀衆。而且這天晚上他沒有和他太太同房，反而和我睡一張床。那時我不懂事，他也未脫孩子氣。我們都純潔得像一張白紙，不然我一定會要他和太太惜別。

第二天吃過早餐後他就和我一道走。他母親含着眼淚望着獨子遠走天涯，走向烽火中的未知世界。他太太躲在房裏沒有出來，是害臊？還是躲在房裏飲泣？我不知道，他也不知道。他們的生離死別，也是一幕啞劇。中國人承受過太多的苦難，往往大難臨頭也不吭一聲。

我們兩人同擠上列車，沒有買票，也沒有座位。事實上在九江車站早已停止賣票，要買也排在三個月以後，因此無形中就斷了買賣，誰有本領擠上車誰才能走，否則有票也沒有用。

火車經過的地方都是以前我們沒有來過的。看着大好的河山，一片金黃的稻穗，心中無限惋惜。但我們赤手空拳，無法阻止日寇踏進這片寧靜、安祥、豐饒的土地。

到南昌後我們一同去難民所過了一夜。第二天我去望城崗二嫂哥哥駐地等候在二中唸書的三哥，商量以後的大計。我們雖是堂兄弟，但與親兄弟無異。那位同學在南昌似乎也有什麼親戚故舊，他找的結果如何？我不知道。因為日機天天轟炸南昌，雞飛狗跳。在戰爭中他是否保住了性命？他的新婚太太和他的寡母又是怎樣的下場？我更不清楚。他的家在火線上，不久就淪陷了，戰後也沒有聯絡。一則是他的家沒有門牌號碼，二則是我們誰也沒有想得那麼遠。那時是今天不知道明天的生死，大家都有這種心理準備，很多人在戰爭中相遇，隨即在戰爭中杳無消息，這不過一個普通的例子而已。

和三哥會面後，決定去武漢從軍，他有不少同學要一道去，沒有會齊，加上武漢的考期未到，我們便一同去宜春二嫂的嫂子家中小住。

宜春遠離前線又沒有飛機轟炸，是一個山明水秀的好地方，而且交通方便（在湘贛

鐵路邊），物產豐饒，價廉物美，松花皮蛋風味尤佳。尤其令人難忘的是隔壁商家有一位如花似玉的妙齡女郎，每天早晚我和三哥下樓散步談天時常常碰見她。那種情竇初開，含情脈脈的樣子沒有那個少男不會動心。三哥大我一歲，人生經驗世故都比我多，我看得出來他有點心旌搖搖。但是戰爭使他不敢作這個美夢。本來他上高中後家裏已爲他訂親，準備他今年高中畢業就替他完婚，那位未來的三嫂是薛寶釵型的少女，可是由於日寇逼近家鄉，他連家也沒有回去，這次「艷遇」徒增惆悵，自然更無結果了。

不久我和三哥又一道趕回南昌與他的同學會合，連我一共是八位，我完全聽他們的安排。這時南昌白天已少市面，店舖多是半開門，市民多在作逃難或下鄉的準備。警報更多，空戰我方損失更大，人心惶惶，我們也不能不走了。

火車多是從西向東開來南昌，載的是軍火和增援前線的部隊，向湖南後方開的很少，而且沒有一定的時間，站方更諱莫如深。我們一看見車子開到，就一湧而上，車廂裏擠不進去就爬上車頂，但往往是白費氣力，不是不開就是又打軍差，被趕下來。這樣上上下下不知多少次？最後總算擠進洗手間離開南昌了。

火車並不是一直開，而是走走停停，隨時得跳下車子逃避轟炸；隨時還得準備換車。爬上車頂，跳下火車，只有我們這些不到二十歲的小伙子才能玩命，一般難民沒有這

樣的身手，也不敢這樣冒險。這些車廂都是七拼八湊的，有隴海路的、津浦路的、浙贛路的、粵漢路的，幾乎使你不知道究竟置身在那一條路線上？由此也可見軍運頻繁，鐵路當局調度是多麼困難。

從南昌向湖南開的火車載的多半是難民、流亡學生和疏散物資，難民多如喪家之犬，沉默寡言，流亡學生有時會高唱抗戰歌曲，「我的家在松花江上」，往往令人落淚。向南昌開的軍車和我們的車子擦身而過時，那些站在敞口車廂中的弟兄們高唱着「大刀向鬼子們的頭上砍去！」又悲壯又激昂，令人振奮，也令人悲傷，大家心裏都知道我們部隊的裝備武器比日軍差多了，因此犧牲很大。這些壯士能有幾人回來？只有天知道了。

好不容易到了株州。株州是個大站，湘贛、粵漢兩路的交會點，車子一到就遇着警報，連忙跳下車子逃警報。株州已經炸了好多次，車站附近沒有完整的房子，可是臨時搭設的席棚攤販却不少，因爲來往人多，生意也特別興旺。警報一響，人羣便作鳥獸散；警報一解除，人又如過江之鯽般地湧到車站。這次是虛驚一場。

湖南人愛吃辣椒，我在株州車站是第一次領教到。平時我在家只吃燈籠椒，就是臺灣這種大青椒，不辣；可是這次在株州車站席棚飯攤上猛然吃了一口尖嘴朝天椒，眼淚都

辣了出來，飯也吐掉，舌頭像火燒。但看看湖南婦女在旁餵一兩歲的嬰兒吃飯也是一口口地吃那種尖辣椒（沒有別的菜），孩子也不哭，眞不能不佩服湖南人的蠻勁。

在株州又爬上了粵漢路向武漢開的列車，向最危險的地方走。因爲武漢已成爲軍事政治中心，是日機大舉轟炸的目標。但是我們不能不去，我們不是逃難，我們是找機會報國。如果我們青年學生逃避責任，這場戰爭就打不下去，我們誰也不想做「亡國奴」。

粵漢路比浙贛路更繁忙，火車來去匆匆，人也來去匆匆，每人臉上都充滿緊張、驚惶，不知道什麼時刻會中「頭彩」？尤其是坐在車廂頂上的人，頭上烈日如焚，屁股底下的車皮如熱鍋般地火燙，毫無安全感。如果不是國難當頭，誰能忍受這種煎熬？

車到汨羅站停了下來，我們發現好幾具屍體躺在橋頭。原來橋上的電線高度不夠，火車通過時坐在車頂上的人沒有低下頭來，硬被懸在鐵路中間的電線刮了下來，活活摔死。看了這種情形，我們不得不提高警覺，想辦法往車廂裏鑽。動作慢一點，身手不夠矯捷的人，只好仍然留在車頂上玩命了。因爲誰都知道走到武漢是不容易的，而且我們是去趕考，有日期限制，不是去武漢遊歷。

通過了汨羅橋，等於通過了一道鬼門關，自然鬆了一口氣。

經過餐風沐雨，日晒夜露，千辛萬苦，終於到達了抗戰的司令臺武漢。

投筆從戎・死裏逃生

我們住在武昌大朝街一家旅館裏。

武昌抗日情緒如火如荼，街頭穿着藍色工人裝長褲的男女很多，時常有青年男女集合在一起高唱抗戰歌曲，到處可以聽見慷慨激昂的歌聲，使人熱血沸騰。

我們到達武昌的第二天，就碰上八十多架日機的大轟炸。原先我們沒有經過這麼大的空襲，初到武昌又人生地不熟，不知往那兒跑？就在附近電報局門口一個大防空洞裏躲避。街上的防空洞不少，但是洞小而又十分簡陋，這個防空洞算是最大的一個，可以躲幾十個人，我們八個人統統鑽進這個洞裏。

不久就聽見老牛喘氣般的轟炸機的沉濁的聲音，和炸彈穿破空氣尖銳刺耳的嘯聲，以及啌嚨啌嚨的轟然巨響，一路響到我們的防空洞來，地在顫動，防空洞在跳動，而空氣卻彷彿凝結住了，逼得人吐不過氣來，不知道下一個炸彈會不會落在頭上？有人在唸阿彌陀佛，我的牙齒也在咯咯響。如果連軍裝都沒有穿上就這麼血肉橫飛，實在死得不明不白。

日機一波一波地炸過來，機聲、炸彈聲幾乎把耳朵都震聾了，心都快震跳出來。如果世間有地獄，這就是地獄；如果眞有末日，這就是末日。這裏的一分一秒，就彷彿一個世紀。

好不容易等到警報解除。出來一看，面目全非。民房都在起火冒煙，防空洞（除了我們躲的這一個）全都倒塌，街上血肉橫飛，屍體遍地，火藥味混合着人肉的血腥味，是最難聞的一種氣味，大熱天，令人作嘔。

這次轟炸幾乎使我精神分裂，聽見蒼蠅的嗡嗡聲也想拔脚狂奔，晚上睡覺更不安穩。

考試那天上午我剛剛交卷，警報就嗚——嗚——地響起來。好在考場就在蛇山附近，連忙往蛇山跑，蛇山是武昌市民躲警報的最好地方。

這次的轟炸也很慘，但不像上次躲在防空洞裏那麼恐怖，因爲蛇山的空間比防空洞大，呼吸也通暢得多，要死也不是一鍋爛。

逃警報時我們八個人是各自東西，誰也顧不了誰。（一是座位不在一塊，二是交卷也有先後，不能約好再逃。）警報解除之後，才再聚在一塊，幸好一個也沒有少。

爲了等候放榜，也爲了安全一些，有人介紹我們住進一個不在市區中心比較偏僻的

寺廟裏，我們自炊自爨，比住旅館要省很多。

天天都有空襲，廟旁邊的山坡上有個高射砲陣地，飛機來時咯咯響個不停，却沒有打下過一架日機。一團團的砲彈白煙都在飛機底下爆炸，打不着飛機，看了又急又氣，武器不如人家，有什麼辦法？

放榜時白天沒有人敢去看，因為白天隨時會有空襲，晚上大家才結隊出去。我因為怕見街頭巷尾一燈如豆下的棺材和躺在地上的屍體，沒有一道出去，那種情景看了不但令人毛骨悚然，也令人鼻酸。在日機地毯式的大轟炸中，不知那一天輪到我們？

大家看榜回來都很高興，因為我們八個人取了七個，只有和三哥同班的姓熊的同學沒有錄取。據說他的功課很[redacted]，可惜體格瘦小，因此刷了下來。但他一點也不在乎，原來[redacted]抗日大學正在武漢秘密招生，[redacted]。後來[redacted]走了，他們才說他在學校就很左傾。我只覺得他很少講話，有點莫測高深。

去南湖報到的那天，因為天氣炎熱，又怕空襲，我們遲到下午四五點才去。本來我們是八個人，[redacted]姓熊的沒有考取，[redacted]姓平的是公子哥兒，怕當軍人吃苦，臨時打了退堂鼓。我們張家向是「萬般皆下品，惟有讀書高」，[redacted]沒有當兵吃糧的。如果不是

國難當頭，我們兩兄弟也絕不會從軍，最少我不會走這條路。原來離開南昌時我們是「八仙過海」，現在只有六個羅漢了。

但是一走近南湖營門口，我就被一股血腥味，和炸倒的崗亭，沒有清理完畢的屍體怔住了。原來下午三點左右日機就專來炸這個營區，他們得到情報，乘着學生報到，專門用殺傷彈來炸這批入伍生。每一個彈坑都只一兩公尺的直徑，坑也不深，彈片都是橫飛的，殺傷力很大，幾百學生，在這次轟炸中遇難了。「出師未捷身先死，常使英雄淚滿襟。」這些和我們一樣的熱血青年，卻連槍都沒有摸一下就慘死了！我們六個人報到後，就是填他們的空缺編隊的。如果我們早來兩個小時，也統統完了，[illegible]那有我來寫這篇文章？紀[illegible]殷史的[illegible]

局勢一天緊張一天。我們在南湖沒有多久，就開到蔡甸、舵落口一帶訓練，不久又開回漢口。我們參加了武裝部隊大示威遊行，我們的脚步震撼了漢口市，我們的歌聲響徹了每一個角落，市民們睜大眼睛看着我們這些赤脚草鞋的學生軍。這次大遊行也許給了他們不少信心，但是不久，武漢終於丟了！在大撤退前夕我們還參加了漢口市戶口大檢查。

我們坐船撤退到岳陽。在船上每頓只發兩個小饅頭，幾塊醬瓜。一個饅頭兩口就吃

掉了，肚子裏餓得咕咕叫。十月天氣，早晚已經冷颼颼，我們還是穿着夏季的像紗布一般的草黃軍服。晚上在艙板上露天睡覺，也只有一條薄薄的灰軍毯。

在岳陽停了一陣子。天天早晨在岳陽樓前面對着八百里洞庭喊口令，跑步、出操，也在岳陽樓附近。

岳陽也常遭空襲，車站炸得最慘，有一家從長江下游逃來的難民，全家遇難。但是我也看到一架日機被停在岳陽樓附近的小砲艇的高射機槍擊落，飛機掉在田裏，三個日本空軍燒成黑炭，躺在污泥裏。我還撿了一片黃色金屬片，作了一個戒指，作爲紀念。這是我在八年抗戰中親眼所見的唯一的被我們打下的一架敵機。

不久又坐船離開岳陽到常德、桃源。洞庭湖波瀾壯闊眞如王勃滕王閣序中所說「秋水共長天一色，落霞與孤鶩齊飛」。洞庭、鄱陽爲中國兩大湖，有很多相似之處，也由於這兩大湖，使湖南、江西成爲魚米之鄉。我自幼飽覽故鄉湖光山色，對江湖有親切之感，君山雖不如廬山雄偉峻秀，但洞庭湖却比鄱陽湖更爲浩瀚。每天在船頭看日出日落，不禁勾起陣陣鄉思。但故鄉已在日寇鐵蹄之下，何日重歸？思之黯然。

洞庭湖中的蘆葦與雁羣，是一大特色，與故鄉景色一般無二，魚米之豐，亦與故鄉無異。

在桃源訓練了一段時間，那時都為「桃花江」這首歌着迷，桃花江雖然沒有找到，但桃源的少女確實相當健美，臉色白裏透紅，桃花江上的美人雖未見到，但桃源的美女卻見到不少。她們都是健康美，不是病態美。我們中隊駐紮的那戶人家，就有一位十七八歲的大閨女，使我們的戴區隊長失魂落魄。當我們開拔時，他當値星官，連口令都喊錯了，我們也替他難過。

長途行軍•大病一場

整個冬天我們都沒有棉大衣，開始長途行軍時卻發給我們每人一件棉大衣，而這時已經春暖花開了。原有的槍枝子彈不但不能丟，臨時還加了一副子彈帶，子彈都塞得滿滿的，再加軍毯、換洗衣服、夏季服裝、乾糧、水壺、書籍、棉大衣，不但很重，背包也不好打，因此有的同學偷偷地把大衣裏的棉花扯出來丟掉。我向來不作這種事，只好咬緊牙關硬挺。

我們的目的地是四川綦江，有一千多公里，而且都是高山峻嶺，川湘交界地區土匪又多，武器比我們的好，我們是訓練行軍，也是戰備行軍。這一帶又窮，因此我們的生活更苦。吃的都是穀子、稗子、砂子混在一起的八寶飯，往往早晨三四點鐘吃早飯，要

到晚上七八點鐘才能吃到第二頓，因爲人烟稀少，買不到穀米。

夜行軍和強行軍最苦。夜行軍時有些同學眞的邊走邊睡，眞像行屍走肉。湘西趕屍之風時有所聞，我們雖未親見，但却見過閉着眼睛走路的活死人。

強行軍是對體能的嚴厲考驗，日夜兼程，因爲有土匪，又不敢掉隊，今天我能登山、走路，不怕任何艱難困苦，和這一段艱苦的訓練有關。因爲在我眼睛裏面，任何艱難困苦，也不能與這段日子相提並論，危險亦復如此。應死未死，我已經覺得沒有什麼更危險的事了。

川湘公路兩邊山區還有不少苗人，苗女相當清秀，皮膚很白嫩，見了我們也不怯生，每逢趕集她們都會從四面八方背着竹簍趕來，我們常向她們買些白地瓜，粑粑之類的東西吃。她們都會講漢語。

四川出桐油，秀山更是桐油集中之地，沿途山上桐花盛開，賞心悅目，這是長途行軍的苦中一樂。

由於沿途吃生吃冷，生水喝得太多，一到目的地後，很多人都病倒病死。這時川東霍亂傷寒流行，死人很多，我們隊上就死了好幾個，我纏綿病榻一個多月，雖然幸而未死，後來頭髮都快掉光了。如果不是三哥和同學輪流照顧，又遇着良醫，也無生理。

新聞尖兵‧提筆上陣

我原以為我會從此一生拿槍，想不到又半途投槍提筆。抱着一種遊戲心理參加了[redacted]考試，居然錄取了，[redacted]場[redacted]。畢業後[redacted]派赴江西前線作新聞尖兵。我們是「報社一肩挑」，在前線機動作宣傳戰。

江西的情況比較好。我初到臨川前線時，是辦油印報。自己收音、自己寫鋼版、自己油印、辛苦得很，尤其是冬天，天寒地凍，寫鋼版手指都凍僵了。後來與地方報紙建立了關係，利用地方報紙的印刷條件，以[redacted]換取軍報的鉛印，比油印報的內容、形式都充實漂亮得多。覃子豪學長[redacted]在金華[redacted]也辦得很好。[redacted]九年隨軍轉到安徽前線，不久我又轉調景德鎮。景德鎮也是前線，不過不打仗時還是和後方一樣安定。景德鎮的窰大半停工，但景德鎮的瓷器還是充斥市面，而且十分精緻，瓷相燒得真好，幾乎人人手上都戴了瓷相戒指，我初到此地，覺得新鮮，自然也燒了瓷相戒指佩戴。

這次我配屬的是四川部隊，川軍有兩桿槍，一是步槍，一是烟槍，這是公開的秘密

。紀律也不好。

以後我因爲另外的原因，脫離了軍職，轉到新聞界工作，結束了短暫的軍人生涯。

兩種苦差‧兩次逃難

我在南城一家報社跑外勤，還兼編副刊。那時報紙不登社會新聞，尤其是黃色新聞更上不了報。我跑縣政府，專員公署，[illegible]是政令宣傳。副刊沒有稿費，除了報社同事，當地中學教員經常撰稿外，其餘的就得自己寫，幾乎是包辦性質，但是待遇還不如我在軍中的[illegible]薪餉。後來我又在當地中學兼課，由於報社經濟情況不好，再加上行政督察專員被土匪劫持後報社人事異動（這是一份屬於專員公署的報紙），我索性辭掉報社職務，專任教員。

教員待遇是以米計算，比報社待遇高些，現在我記不清楚了，大概是一擔米一個月，報社[illegible]只有八斗米，還不準時折算發放。南城的物價比大後方重慶約低一倍，比金華約低三分之一，但是生活還是很苦。加上日機時常來襲，造成很大的損害，南城完全沒有空防，任由日機轟炸，有一次轟炸，專員公署[illegible]大門口那條最繁華的街市，造成一片火海，全城精華，幾乎全毀於燒夷彈。老百姓完全是在無助中默默地忍耐最大的物

質犧牲和親人的死亡。

本來南城是一座古色古香的城市，尤其是城外河邊那一大片李樹林，不但開花時形成一片花梅，李子更是又大又甜，是躲警報的好地方。開花時人在樹下盡情享受花朵的芬芳，李子成熟時又隨手可以採食，主人從不計較。因爲這是戰時，生命都朝不保夕，誰還斤斤計較這些身外之物。

一九四二年夏天，日軍從浙江蕭山那方面發動強大攻勢，沿着浙贛鐵路向西長驅直入；而南昌方面的日軍又配合向南進攻，南城正好是他們會師的目標。從金華那邊沿鐵路逃到南城的難民，形成人山人海，物資亦堆積不少；因爲天雨都堵在南城。日軍狡獪得很，從南昌那邊經宜黃抄過南城，切斷去路，無數的難民和物資都成了甕中之鱉。

校務主任和城裡一家米店暗中勾結，平時扣着老師的米不發，待價而沽，日軍快兵臨城下時才發米條子讓我支領，教員中只有我一個人打算向贛州逃，其他的人都隨他向鄉下疏散，等我拿到米條去米店領時，米店折算現金，打了一個對折都不止，只好認了。我總不能挑着幾擔米逃難呀！這位校務主任可以說是「膽小如鼠，愛錢如命」。日機來時嚇得往桌子底下鑽，剋扣同仁却心狠手辣，後來日軍在南城，姦淫擄掠，不知道他的下場如何？

由於我一向作事決不婆婆媽媽，說走就走，一天也不猶疑，才算逃過日軍包抄的大劫。當時我並不知道日軍會從宜黃繞過來，那時消息一點也不靈通，全憑一點果斷決心，才沒有同後面那幾萬難民一道跳河而死，或是擄回南城去聽任宰割，不過兩天後我卻被從宜黃逃出來的一對萍水相逢的夫婦害慘了，他們把我攜家帶眷逃難的旅費偷得精光！使我叫天不應，入地無門。也許命不該絕，我又兩次得到素昧平生的貴人伸出援手，使我終於到了贛州。

為了工作，我曾經到[redacted]瑞金待了一陣子。本來瑞金是十室九空。一是圍剿時男人死的死，逃的逃，後來[redacted]又[redacted]走了不少，直到抗戰了兩三年，流亡在外的人才零零落落的回來。我們住的黃家祠堂，就是屋多人少。

沒有多久，我又從瑞金回到贛州，到農林部設在江西的農村服務區管理處當公務員。

當時的贛州是[redacted]經國先生擔任行政督察專員，朝氣蓬勃。他自己是青年人，所以贛州也成了青年人集中的地方。贛州本來有正氣、青年、民國三家大日報，他又倡導一縣一報。贛南本來是個土匪出沒，貧窮落後地區，這時反而治安最好，文化水準最高。我就為了熱愛新聞工作，辭掉了中央級的公務員，和朋友一道去十分閉塞的崇義縣副

辦了一份公理報。所有的員工、排字房、編輯部都在城外的[illegible]裏，自編自寫，樂[illegible]。

崇義是王陽明平宸濠之亂後才設立的一個小縣，四面環山，交通不便，走一趟贛州，來回要四天。但小城十分安靜，三天才有一墟，趕墟的日子必有山珍，石蛙、山牛（其實是四不像，既不像牛，又不像鹿，也不像馬，體格比鹿大，比牛小，頭尾像鹿，毛又像牛，體型似馬。）[illegible]肉是[illegible]美味，價錢也不太貴。一擔二斗米一個月的待遇，買不到一雙皮鞋，但偶爾買幾隻大石蛙，一兩斤山牛肉打打牙祭還可以應付。因爲山裏人比我們更窮，他們連桐油燈都點不起，他們是用曬乾了的竹片，插在牆壁上燃燒，作爲照明之用。在川東山區，我看見過沒有褲子穿的女人，在崇義，我看見他們點竹片燈，他們比我們更窮、更苦。

一年後我離開了這個山城，到上猶報[illegible]工作了一個月，又到贛州民國日報工作。贛州比起所屬各縣自然強多了，尤其是在崇義郡種山城小縣待了一年多，再回到贛州彷彿到了天堂一般，贛州不但市區大，還有電燈。竹片燈、桐油燈、和電燈相差了好多個世紀。

但是我再到贛州後，幾乎天天都有警報。白天沒有人敢待在城市，有些人早已在城

外河東租了房屋，或是自建一棟竹屋作爲避難所，一般老百姓多半在大清早就避到河東這一帶來了。我也在河東租了一間民房住。

一切活動多在夜間進行，編報更是熬夜的工作，但是夜間也常常有空襲警報，一放警報就熄燈，又不能跑遠了，警報一解除還得趕回編輯桌趕編國際國內電訊稿，有時還得用黑布遮住窗戶，用桐油燈照着工作，不然第二天早晨出不了報。

三四個月下來，由於通宵不能入睡，白天又睡不好，我的心臟成天都蹦蹦跳跳，有時眞像要跳出口腔來。報社待遇不好，營養不夠，（消夜也只有白稀飯、醬黃瓜。）再加上睡眠不足，鐵打的身體也會拖垮，因此那時幹編輯的人肺病特別多，和我一道頂大夜班的楊先生也有肺病。如果不是日軍攻贛州，我匆促逃難，那非拖死不可。一逃難，白天走路，晚上睡覺，很快就恢復正常了，這也是因禍得福。我一生因禍得福的事不少，此其一也。

上次浙贛戰爭我是由東北向西南跑，這次剛好相反，是由西南向東北跑。上次背着剛出生不久的大女兒跑，這次却多了一個將近一歲的大兒子，僱了一個逃兵挑，他雜在我們難民羣中回家，我們正向他家鄉逃。

這一逃又逃了上千里路。上次逃難是三伏天，這次却是數九天。上次酷熱難當，這

次却寒風刺骨。這兩次逃難眞把我逃慘了。

（一次長途行軍，兩次長途逃難，事隔[redacted]十多年，猶有餘悸。）

抗戰時期我的報人生活到樂平長江日報編了美國空軍在廣島、長崎投下原子彈，日本無條件投降後，我也鬆了一口氣，也因而向新聞界擺擺了。

勝利後我又到上海[redacted]。

抗戰八年是國家民族生死存亡之秋，我個人更是多災多難，苦不堪言。能夠活到現在，眞是叨天之幸。我的青春，完全斷送在日本軍閥手裏。這一輩子的坎坷，也不能不說是日本軍閥[redacted]。

原載71.7.12～13.青年戰士報「新文藝」副刊

癌症打不倒的人

由於科學日新月異，醫藥進步，過去致命的疾病，今天多已藥到病除；過去殺人最多的肺結核、盲腸炎等，今天的死亡率已經很低；霍亂、天花，已經能完全預防、控制，痲疾已經在臺灣絕跡，但是還有一樣疾病，還沒有找出眞正的病因，也沒有十分有效的診療方法，那就是最大的殺人兇手——癌症。這種惡性腫瘤，在一般人的觀念裡還是一種絕症。誰得了這種病症，都是死路一條，尤其是肝癌、肺癌、胃癌、腦癌，在我知道的患者當中，還沒有一位能夠逃過這一大刼。

但是有一位是唯一的例外，我是前一些時看了他現身說法的大作之後才知道的，那就是僑選立法委員柯叔寶先生。而且他不止得過一種癌，他先得了腸癌、胃癌、胃潰瘍，再加腦癌，總共動過五次大手術，現在仍然健在，而且信心十足，最近還將「抗癌自述」連同其他大作結集出版了一本「奮鬥人生」，從一九六一年第一次割腸癌，到一九八〇第五次割腦癌，前後二十年，經過五次大手術，每次都逃過死神的手掌心，這不但

是醫學上的奇跡，也是人類與疾病奮鬥的奇跡。在美國著名的梅育診所（Mayo Clinic）於一九七五年發表的調查統計指出：自一九三五年至一九六四年，三十年間，在十八萬五千三百四十四名癌病患者中，有五千零二十二名是患有兩種不同的原發性癌，三種不同的癌有一個長在中樞神經系統者僅有六人。而柯先生就是屬於這種罕見的病例，也是二十年來長期抵抗三種癌而屹立不倒的強人。當他將他的大作「奮鬥人生」親自送到我的手上時，我發覺他比半年前胖了不少，精神氣色也好了許多，使我感到意外的驚喜，一個人的堅強的意志，居然能對癌症產生這麼大的抵抗力，說來真有點不可思議。

但是如果從柯先生一生奮鬥的經歷來看，便不覺得不可思議。從他的「奮鬥人生」第二編「憂患歲月」中便知端倪。他生於憂患，長於憂患，一生都在逆境中奮鬥。抗日戰爭期間，非華青年曾流血流汗，創造了許多可歌可泣的事跡，他就是其中人物之一。非華犧牲之慘，也令人怵目驚心。讀了「砍不斷的頭顱」這篇文字，便可見一斑。

一九四五年二月二十四日，日軍集體屠殺旅居菲律賓仙答珞市華僑六百餘人，手段十分狡詐毒辣，預先在教堂鐘樓安置四挺機槍，鳴鼓通知市民挖掘戰壕，準備於集合時全面掃射，因人數多達六七千人，日軍恐引起暴亂無法控制，遂將華僑分批開赴戰壕，每批五十人，拘禁在一所大廈的二樓，窗戶全用帘幕遮住，再分批押出去，每批五人，

把他們反綁着跪向太陽，表示日本武運長久。日軍先用刺刀從背後刺進去，再用脚踢下戰壕，直到刺刀鈍得不能再刺，再由指揮官用指揮刀砍頭，從中午十二點，殺到下午六點，總共殺了六百餘人。仙答路市只有八百多華僑，餘下的二百多人多是婦孺。在這場大屠殺中唯一倖存的華僑是黃淑滴，祖籍是福建南安。他被武士刀砍倒後，再被踢進戰壕。可是頭沒有砍斷，只是昏迷過去。醒來時摸摸頭顱尚在，他自己也暗自詫異。終於經過一番掙扎，逃匿叢林中，保住一條性命。他現在還活着，已經年逾古稀。這也是一個奇蹟。現在事隔三十多年，血跡雖乾，證人還在，他頸後還留着約兩寸長的疤痕。而日本文部省爲了掩飾日軍的滔天大罪，竟竄改教課書，以自欺欺人。柯先生這篇記敘文章，就是一個鐵證。

從文學觀點來看，作者如果將這件事實，再改寫成小說，不論是短篇、長篇，一定比這篇記敘文字更加感人。如果他自己沒有時間寫，可鼓勵這一代的菲華青年根據這件事實改寫。不久前我受施穎洲兄之託，評審馬尼拉華文報聯合報副刊徵選的小說，發現有兩三位極有潛力的優秀青年小說作者，請他們來寫這種題材，一定會有很好的表現。中華兒女在異鄉異國的血淚故事，一定可以垂之久遠；而菲華文學也可以因此生根、成長、茁壯。

柯叔寶先生是一位詩人，他以杜若筆名寫的新詩，有很高的水準，在菲華文學中更有其不可磨滅的地位。他同時也是一位愛國志士，把太多的時間奔走國事，用於僑務，從事文學創作的時間因而相對的減少，不然他在文學方面的成就當會倍於今日。他是一位詩人氣質超過政治家野心的人，希望他晚年能夠多用一點時間在文學方面，一方面自己多寫作，一方面繼續培植菲華後進，如此薪火相傳，使中華文化在菲律賓繼續發揚光大。

我們這一代人能活到六十歲已經很不容易。柯先生已過花甲之年，奮鬥一生，又有二十年的抗癌奇蹟，除了祝福他健康日進之外，也希望他在文學方面創造一個奇蹟。

原載民國71.12.13.中央日報中央副刊

作者又注：此文距今已二十五年，現在台灣女性平均壽命已逾八十五，男性已近八十。

其他菲華年長的文友不少，何老瑞先生已一〇四歲，為世界人瑞最高壽者。

但柯先生多年未見，頗為掛念……只有祝福。

二〇〇六年五月十五日重校

二〇〇八年七月二十日……校後補。

風雪歸人

工商業社會，大家都忙，加上新年交通擁擠，拜年的風氣自然一天天淡了；尤其是住公寓大廈，平時彼此不相往來，過年時更沒有拜年這回事，農業社會的人情味已經蕩然無存了。

我住的不是公寓大廈，我不習慣那種生活方式，所以[illegible]〔三十二〕年前買房屋時寧可捨近求遠，在北投郊區選擇了一樓一底的房屋，不但空氣陽光好，前後還有[illegible]院子，而最好的是鄰居們互相往來，彼此有個照應，因此過年時照例拜拜年，寒暄一番，還保持一點中國傳統文化的遺風，沒有百分之百的洋化。但這種遺風大概也維持不了多久，我們這一代人完了，一切祖宗的遺風也就跟着完了，以後要找中國的本來面目，只有進歷史博物館或民俗文化村了。我們算是中國最後一批的「今之古人」。

向幾家鄰居拜了一個「跑年」之後，便到附近一個從前的老鄰居家拜年。他們住的是公寓四樓，這一帶再也沒有建築商人肯建一樓一底的房屋了。

出乎我意料之外的是，一叫開鐵門，站在門口正準備出來的是多年不見的涂瑞元老兄，他鬍鬚蓄得五六寸長了，雖然趕不上張大千的，但也有幾分美感。

我知道幾年前他去了加拿大，但不知道他是什麼時候回來的？因此順口問了一句：

「什麼時候回來的？」

「剛回來三四天。」他說。

我看他仍然十分健朗，又隨口問了一句：

「今年該有八十了吧？」

「八十五了！」他神充氣足地回答。

我眞沒有想到，轉眼之間他竟八十五了！時間過得眞快！

當年我們同在海軍總部當秘書時，我才三十歲。他比我大很多，但究竟大多少歲？我從來沒有問過他。今天他這麼一講，才知道他居然大我二十二歲！

由於我們都是江西老表，他又是抗戰時受訓的學長，再加上他女婿[illegible]是同學，大女兒是五十年以上的舊識，十幾年的老鄰居，他和我又是同一個辦公室的老同事，我們彼此相知甚深，不拘形跡。

他是一位十分謙虛的人，雖然他長我很多，他總是稱我「老哥」、「學長」；文學

校他是燕京大學畢業的，中英文都好，但他總是過分恭維我，對於一位這樣謙虛的老大哥，你眞不知道怎樣說好？

本來他正準備和大小姐出去，由於我們很久不見，便坐下來閒聊。他的個子瘦小，但中氣十足，講話的聲音很大。我笑着對他說：

「你這麼大年紀了，氣還是這麼足！」

「我在加拿大講演時，不用麥克風，生怕吵了別人。」他笑着說。

在渥太華的華僑社會，他的年紀最大，所以那邊的華僑社團活動，都請他參加。他的獨子在加拿大，他去過加拿大兩次，這次住了四、五年。

「你一個人來來去去，不要人照顧？」我問。在國外旅行，一個人不好應付，國際機場都很大，距離市區又遠，人生地不熟，他又不是有錢的人，再加上這一大把年紀，沒有人照顧是不行的。

「這次我經過倫敦、歐洲回來，手上還提了一隻箱子，沒有任何人照顧，日本人還以爲我只有五六十歲呢！」他有幾分自豪地說。

他回來時正逢倫敦、歐洲大風雪，一個人旅行，眞虧了他。

「我兒子很忙，不能送我，他買好了飛機票我就回來過年。」

他的老伴早已去世，在臺灣他住在大女兒家裏。

他是一位不求聞達、淡泊名利的人，一生沒有作過大官，更沒有賺過大錢，安份守已，生活簡樸，十分樂觀，眞是一位與世無爭的大好人。他活到八十五歲，身體精神還這麼好，和他的人生觀和生活方式大有關係。

「加拿大很冷，你受得了？」我問。

「我倒不覺得冷。」他說：「這次我從歐洲回來，大衣都沒有穿。」

在歐洲那種嚴寒的天氣不穿大衣，眞是難得，[illegible]三四月間我在[illegible]逗留時，還不離大衣。

「你眞了不起。」我說。

「我的生活裏沒有酒色財氣。」他笑着說。

別人一個字都做不到，他眞是四個字全做到了。

也許是在國外生活了一段時間的關係，他每一句話裏都要夾一兩個英文字。不知道他的底細的人，單看外表，準以爲他是一位十足的土老兒。其實他自幼就接受教會學校教育，不過他却不是崇洋的人，他是一位道地的中國人，對洋人瞭解得相當淸楚。

「洋人只講利害，不講道義。所有的洋人都是一樣，絕不可靠。這是我在國外生活

的感受。」他忽然對我這樣說：「只要你和洋人接觸，他們總用異樣的眼光看你。他們不喜歡共[redacted]，也不喜歡我們，他們和中國人來往的目的完全是爲了做生意，連傳教的洋人也不像我們一樣講道義。所以我還是回臺灣來住。你老哥可不要以爲我說這種話是搞宣傳。」

「我們自己人，還搞什麼宣傳？」我說。我們實在太不懂宣傳了，該宣傳都不會宣傳，不該宣傳的往往搞出紕漏。但我不想和他談這些事，我改口說：「你回來很好，以後我們可以常常見面，北投住家也比大直好，這裏更適合你住。」

「我還不知道他們搬到北投來了！」他笑着說：「那天我找到大直那個老地方，一問才知道他們搬了家。」

原先我和他的大小姐都住在大直海軍眷區，我八年前搬到北投，他大小姐搬來才一年多。

「能和你老哥時常見面，我就很高興。我在加拿大就到處找老同事、老同學。」他熱情而天眞地回答，說話還是那麼急，聲音還是那麼大。說話急、聲音大的人，不但心直口快，也是壽徵。這是我的體驗。

今年拜年，一進門就碰見這位多年不見精神矍鑠的老大哥，給了我一個意外的驚喜

。

他眞是窮得一無所有，幸而有一段逍遙自在的晚年生活，我替他高興，他也可以稍堪自慰了。本來人是生不帶來，死不帶去，榮華富貴，轉眼成空的，那些到老還營營苟苟，患得患失的人，比起我這位「瀟灑溜溜」，來去自如的老大哥來，相去眞不可以道里計了。

原載71.2.9.青年戰士報「新文藝」副刊「山中人語」專欄

二〇〇七年十月十六日重校

二〇〇八年七月二十四日定稿

痴人說夢

在工商業社會，功利第一。所謂功利，就是投資必須要有利益，付出必須要有收入，工作必須要有報酬，尤其重視「相對基金」，一切都是對等的，甚至勞資關係也是對等的，任何一方都不肯吃虧，任何人都不肯作傻瓜。這和中國傳統文化精神，人際關係的倫理觀念，有很大的出入，甚至大相逕庭的。西方文化對中國文化衝擊力量之大，從人際關係、經濟結構、社會結構方面，都可以體會出來。而我們爲了適應世界潮流，無論公私，也都在向「功利」方向走。這是一個毋庸諱言的事實。

處在這樣一個「功利」的世界中，苦的不是工商界，工商事業有一個基本原則：「羊毛出在羊身上」，隨時反應成本，有時還只漲不跌。俗話說：「殺頭的事有人幹，賠本的生意沒有人作。」作生意賠本，絕非商人的本意，不是估計錯誤，就是客觀形勢造成，絕非商人自願把錢丟進水裏。

在工商業社會中，左右爲難，處境尷尬的是作家和藝術家。因爲文學和藝術不是功

利事業，是思想活動，精神事業，不能以貨幣來衡量它的價值。可是今天的事實是，中國歷代名畫集，大登廣告，論斤賤售；出版不久的精裝書籍，在街頭巷尾四折拍賣；不少畫家淪落街頭，廉價畫相，與江湖賣藝者相去不多。這是工商業社會功利觀念對精神事業所造成的結果。因此，有些作家、藝術家便守不住自己的精神堡壘，先自商人化，處處推銷自己，拋頭露面，這固然可以達到一些目的，但比起工商業投資，報酬率還是相差很遠，而作品一商業化，其文學藝術價值不問可知。不但作品的品質降低，人的品質也自然降低了。以降低了的作家、藝術家的品質，怎麼可以提高作品的品質？

工商業社會的發展，可以改善人類的物質生活，增進人類福利，這是農業社會辦不到的；功利觀念重視對等價值，可以縮短等級差距，改善社會關係，這是好的一面，甚至是大家所追求的一個幸福平等的社會。但是在精神生活方面却日益平淡、貧乏、而空虛。因此，對於文學藝術的創作極爲不利。工商業發展的結果，全世界會逐漸變成一個模式，因爲科技可以轉移。甲國的可以轉讓給乙國，轉讓的結果是彼此一樣。即以百貨公司來講，全世界的百貨公司都是大同小異，甚至是一個模式的。我們的遠東公司，和紐約、東京、倫敦、巴黎、羅馬、日內瓦、哥本哈根……的百貨公司沒有什麼不同，超級市場也是一樣。全世界的汽車、飛機，也沒有什麼不同。這是我在環球遊世界的體驗。

文學藝術不然。文學藝術不是求其同，而是求其異。一個腦滿腸肥、生活太幸福的人，固然不會成爲一位文學家、藝術家；一個標準化了的社會、世界，也不可能產生各具特色的文學、藝術作品。文學藝術作品，一失去各自特色而千篇一律，便自然死亡。

今天我們一些自詡爲新潮、前進的文學、藝術作品，如「現代」小說、「現代」詩、抽象畫，已經相當氾濫，向西方認同，看不出一點中國的影子。而在思想內涵方面也受了工商業社會和現代生活的影響，日益貧乏單調而空虛。大家的物質生活拜工商業之賜，一天天富裕起來，物質生活素質是顯著的提高了，精神生活素質卻隨之下降。現在大家可以不必自己多用腦筋，也懶得思想，甚至學生也不必抄筆記，拷貝一份就行了，很多問題，電腦也可以解決，一旦機器人普遍起來，很多人連手腳都不必動了。

由於工商業的快速發展，價值觀念的急遽改變，作家藝術家眞正面臨了生死存亡關頭，文學藝術已經變成了棄嬰。在工商業社會，連男女戀愛也縮短了過程，甚至有些人連談戀愛的時間都沒有，一切都講效率，爭取時間，講究規格一致，簡單明瞭。依這樣的社會結構，經濟結構，產生的文學藝術作品，怎麼能各具特色，多彩多姿？怎麼能含蓄委婉，會有深度？今天還有街頭藝術家，歷代名畫集還可以論斤賣，新書還可以四折

賤售，以後送人恐怕也不會有人要了。

如果有誰能夠想出一個物質生活和精神生活齊頭並進，同樣提昇，作家藝術家和企業家富商巨賈共存共榮的妙法來，那眞是人類的大福音，可以使人類免於淪爲機器人。

原載71.3.30.青年戰士報「新文藝」副刊「山中人語」專欄

二〇〇六年八十一月重校

花市

由於經濟繁榮，社會富庶，物質生活滿足之後，自然想到精神生活。因此近十年來登山郊遊的風氣日盛，專業花圃也一天天增多，彰化北斗更有公路花園，那一帶的農戶從種稻米轉業爲花農，這完全是盛世的景象，如果大家衣食不足，那有閒情種花養花？

臺北市是寸土寸金，但在這寸土寸金的地方還有不少花圃，士林、北投一帶更多。如果無利可圖，誰肯把那麼貴的土地用來種花。

我們三十八年剛來臺灣時，沒有專業化的花區，連水果的種類也很少，除了香蕉、菠蘿、芒果、桂圓等亞熱帶的水果之外，其他大陸水果如蘋果、桃、李、梨、杏、棗……都很少見，現在的臺灣却已成了水果王國，全世界的水果應有盡有，而且品質一天天提高。花卉亦復如此。

大陸上花的種類很多，名花也不少，但一般人很少養花，因爲衣食不足，沒有這種閒情閒錢。

今天的臺灣由於種花的人多，買花的人多，相輔相成，相得益彰，因此花業鼎盛，種類繁多，有很多花都是過去在大陸沒有見過的，如天堂鳥是。

由於種花的人多，因此臺北到處都有花市。花店不算，一到周末、星期天早晨，很多菜市場都有花販或花農擺了一地花攤。除了菜市場的花攤之外，專門賣花的大花市也不少。如重慶南路民眾團體活動中心的「假日花市」就是一個很大的花市。但臺北市最大的花市要算重慶北路酒泉街交會的那塊地方，而且天天早晨都有。一走到那個地方，眞如走進一片花海，使你目迷五色，不知如何選擇？

賣花買花和一般買賣不同，應該算是比較高雅的事。但還是有不講信用欺騙買者的花販。我買過不少次花，上月在重慶南路假日花市就受了一個青年花販的欺騙。

那天星期六中午下班之後，我就去假日花市買花，逛了好一會都沒有買，因爲很多花我都有了，而且院子裏擠滿了花樹，已經無法再種，甚至要砍掉一些才行。最近我就忍痛砍了一棵大芭樂樹，因爲它佔的空間太大了！由於有兩天颳着大風，它的枝葉把芒果花枝掃掉了一邊，不能再結芒果，我不得不把它砍掉。雖然它正在開花結果，但結果的情形不如那棵蘋果芒果樹。再加上它又遮住了四五株茶花的陽光，使茶花難見天日，尤其是那株紅六角茶花，一直無法開花。因此我只想買些盆栽，放到屋頂上去。爲了養

花，也爲了防熱防濕，我特地蓋了一個玻璃纖維的篷頂，屋頂上可以放不少盆景。

逛來逛去，我看中了一個青年人的花攤內的大輪紅玫瑰。我正在挑選時突然聽見那位青年人對買花的人說：

「這是紅梔子花。」

我從來沒有看見過紅梔子花，立刻被他的話吸引住了。本來他這種小種梔子花我不久前才買了一盆，比他的好得多，原不想買，看見那個人買了一盆，我也湊近去問：

「眞是紅梔子花？」

「只有這兩株了。」他指着放在旁邊的兩個塑膠袋，又指着我手上捧的紅玫瑰說：

「開起來比這個紅玫瑰還紅。」

我也信以爲眞，我相信臺灣的園藝人才，他們能改變品種，很多變種的花果都是他們的傑作，我也相信他們能把白梔子花變成紅梔子花。可是這次我上當了！它開的是白花不是紅花。白梔子花我原有兩株大的，其中一株已有一樓高，現在每年可開幾十朵。另外還有兩株盆栽，連這株一共是五株了。如果不是受騙，我絕不會買這一株小品種的。其實我還有一株比這株花更小的，算起來應該是六株才對。

上個星期六大清早我又去酒泉街花市，兩年不來，發覺這個花市更大更好了。原來

馬路邊的那座小屋已蓋成大樓，後面的巷道廣場路面也顯得寬闊整潔，草本木本的花卉遍地都是，應有盡有。現在的花農花販都有自備汽車，他們把花卉一車車地運到場地，各有地盤，現場只有花攤，汽車很少停在場地。

我在花市巡禮一周，發覺新的品種越來越多，即使是同一品種花卉，而花的顏色形狀却變化萬千，不一而足，可惜我的院子太小，屋頂面積也很有限，不能買盡我所喜愛的花卉。

在一片如海的花市中，我發覺有四盆一尺多高的茶花，每盆都有花開，茶花早已謝市，五月初怎麼還會有茶花盛開？這四盆茶花的顏色花形很像三合，不像九曲、六角、紅觀音那麼鮮紅，而是桃紅色。可是花朶却大得多，直徑大約有七八公分。我隨便問問價錢，賣花的年輕人說：

「四百塊。」

我覺得太貴，沒有還價就走了。我知道這裏的花市價錢是全臺北市最便宜的，一株不到兩尺高的小茶花最多一百元就夠了，而且三合又沒有九曲、六角那種身價，未免貴得離譜。我又去別的花攤看看，沒有我想買的花。回頭時又經過這個花攤，我對那個年輕人指着那四盆茶花說：

「三百元賣不賣？」

他搖搖頭。

「三百五好了。」我歡喜這茶花的形狀，再加上花大。

「不賣。」他又搖搖頭。

「爲什麼這麼貴？」

「這是從美國引進的新品種，室內花，四季開。」他指指小如米粒的新花蕾說：「你看，還有很多小花苞。」

我一聽說可以養在室內，又四季開花，十分合意，便挑一盆只有一朵花，還未十分開放的茶樹，買了下來。

那青年人接過錢又對我說：

「冬天開的花更大，有十公分。如果晒了太陽，顏色會更紅，開過花後，你還可以插枝。」

「能插得活？」我沒有插過枝，不大相信。

「我插活了兩百多盆。」他說。

這株茶花買回之後，我放上屋頂。它越開越大，十分可愛，到現在足足開了九天，

還沒有謝甍，看樣子還可以維持兩三天。我原有四個品種的八株茶花，一朵花最多能開一周，花期都沒有這麼長，一年也只能開一次。這株茶花花朵是最大的，花期又長，如果眞能一年四季開，四百元一株不算貴，我還打算再買一株。

養花可以陶冶性情，減少許多不必要的苦惱。現在是工商業社會，人的苦惱已經夠多了，發展花卉事業，等於補充精神食糧，而且買花的人比買書的人多，任何書店都沒有花市的生意好，這是事實。希望作家也像花農一樣，創作更多的眞能陶冶性情的作品來。作品如果像花一樣吸引人，便不愁沒有人買了。

原載71.5.22.青年戰士報「新文藝」副刊「山中人語」專欄

雨後溪頭

臺灣山水可觀可遊的不算太多，有深山大澤之勝又多古蹟的更少。中部廬山我沒有去過，不知名勝如何？古蹟恐不會多，比起故鄉九江的廬山，當不可同日而語。我去過的本省名山，最喜歡的是阿里山和溪頭。

阿里山的高度和氣溫與故鄉廬山彷彿，雖無古蹟，但有深山大澤的意味，山上樹木森森，可息可遊。溪頭沒有阿里山高，但林木之勝有過之而無不及，可以一遊再遊。

我去過溪頭多次，最近又參加自強活動去住了一夜，印象仍佳。

今年春夏之間雨水甚多，我去的時候天氣也不好，晚上更有大雷雨，坐在漢光樓大廳看電視時，外面大雨如注，我暗自躭心明天上午的活動會受影響。我個人是不大受天時限制的，但我率領的這一梯次的那麼多男女同仁和女眷，平時甚少作戶外活動，登山走路的機會更少，要是遇到大雨，準會泡在漢光樓裏，那就辜負了這次溪頭之行了。

幸好天公作美，第二天清早起來，沒有下雨，早餐前就有很多人在附近活動，早餐

後就分批結隊去看神木、大學池和青年活動中心。

雨後的溪頭看來格外賞心悅目，雲霧在山頭飄來飄去，忽起忽落，偶爾在一大片乳白色雲霧中露出一點青翠的山頭，此景最堪入畫。而遍山樹木竹林，更是嫩綠欲滴。

我看神木最喜走那條石級山徑，這次亦不例外。不過我發覺這條石級路比以前修得更平整，不像一般登山小路。這條山徑是隱藏在一大片孟宗竹中，竹林很美，每根竹子都身長玉立，新筍矗立林中，籜衣尚未盡蛻，彼此間隔距離幾乎相等，錯落有致。林中一座竹屋更別具風韻，平添雅趣。如果有幸住在這座竹屋中，不是神仙也是神仙了。

清早林中空氣格外清新，一塵不染，呼吸特別舒暢。鳥聲也十分清脆嘹喨，此起彼落，相互呼應。身在山林，一想起臺北街頭汽車後面的黑烟，機車後面的白氣，以及震耳欲聾的噪音，眞有點不寒而慄，如能長住此間，最少要比久困臺北多活十年。

石級山徑全長一千五百公尺，坡度也不大，依我平日獨自登山的速度，最多十五分鐘就可以走完，這天是同小姐們一道走，走走停停，看看風景，聽聽鳥聲，照照相，時間自然花了一倍以上。

溪頭的神木樹齡二千八百年，中間全空，走進去可以望見藍天，樹內還有一塊巨石，樹頂僅有少許枝葉，可以說是一棵已死的枯木。這和廬山黃龍寺前的那兩株枝葉繁茂

，亭亭玉立，直上雲天的「寶樹」，相去甚遠，那兩株「寶樹」也是紅檜之類的樹木，比溪頭、阿里山的神木都高，樹幹大小也不相上下，是魏晉時物，樹齡也不算短。它們下面還有一株高大的銀杏樹，也是千年以上的植物，也沒有一點老態。這幾株大樹，都是經年生長在冰雪雲霧裏，因爲廬山氣候比溪頭、阿里山寒冷得多。「曾經滄海難爲水，除却巫山不是雲」。我遊名山勝水，每多感慨。幸而溪頭的可看之物，不限於神木，還有那些面積廣大，一望無際的人造森林，那些分區種植的杉木都是一般高大、青翠，有一種秩序美，這是溪頭的一大特色，別處看不到的。有一區杉木是我出生的那一年種植的，現在樹幹可以合抱了。

從神木到大學池走柏油路約三千公尺。大雨後的路面十分乾淨，人行在兩旁參天樹木之間，聽好鳥一聲聲自林間傳出，只聞其聲，不見其形。從聲音判斷，這種善鳴的鳥應是畫眉之類，雖然那聲音不是畫眉的，但音色之美，並無多讓。後來好不容易發現了兩隻，其大小毛色與畫眉差不多。臺灣畫眉兩眼無白眉，這種鳥兩眼前却有黃點，不知道牠叫什麼名字？在臺北市早已聽不到鳥叫，我往在大屯山下，後院有果樹，也只能看見白頭翁，白頭翁的叫聲並不好聽，要聽鳥叫只有上大屯山，但大屯山沒有溪頭這麼多樹木，山也不深，因此鳥聲也不能產生山鳴谷應的效果。溪頭的鳥聲固然淸脆嘹喨，但

有深山茂林的回應，便相得益彰。這一路耳聽好鳥清音，眼看青翠山峯忽隱忽現，胸中亦一塵不染。

大學池宜在畫圖中欣賞，身歷其境，反而不能啓人幽思。

青年活動中心是一個很好的集會休閒的地方，全部木造房屋家具，古意盎然。

回程循沈剛伯亭小徑到大學池，這條小徑相當幽深，不見天日，是一座小小的黑森林。

從大學池經吊橋回漢光樓這條幽徑，十分清靜，宜於二三知己緩步談心。

溪頭是一個格調甚高的休閒之地，雨後的溪頭格調更高。春夏之交宜遊，炎炎夏日更宜小住。

原載中央日報中央副刊

歲暮兩人行

因爲工作太忙，登山活動中斷了幾次，「山中人語」也停了不少時間，有勞主編呼嚀兄催稿，亦遲遲未能報命，十分抱歉。

元月十七日（陰曆臘月廿三送灶日）寒潮壓境，氣溫較低，但天氣晴朗，我決定上大屯山主峯。早晨六點三十分左右，我打了電話約范道鎔律師一道登山，他欣然應允。

范律師原籍安徽，但在敝縣生長，誼屬同鄉，但原先我們並不認識，以年齡論他是小老弟。他也喜歡登山，他看了拙作「不動瀑布」之後，就打聽我的住址，終於在一位和我相處過一段時間的同鄉老弟那裏打聽到了，他便打電話和我聯絡，又到舍下來看我，他也住在北投，兩家相去不遠。

他是一位自己奮鬥成功的人，十五歲離家，現在才四十七歲，小我十多歲。人很隨和實在。

上月他曾打電話約我登山，因爲十二月我最忙，星期日還要加班，因此沒有同他一

道去。而我一打電話約他，他就滿口答應了。

本來我是預備在北投區公所乘小九號巴士去登大屯主峯的，因爲我準備餐點遲了一步，到區公所時小九剛開走，小九班次比較少，大約一小時一次。爲免久等，范先生提議坐小七巴士上中正山。恰巧有一輛小七剛到，我們便上小七。我登山純粹是爲了運動和欣賞大自然的風景，不像一般登山者爲了征服「百岳」，不惜餐風露宿，甚至冒生命危險。我不是英雄主義者，沒有征服慾，我不作這種事，非不能也，是不爲也。因此我不參加任何登山協會，更不想在帽子上釘滿登山紀念章。有伴我登山，沒有伴我也獨自登山，去大屯主峯可以，去中正山也可以。不過去中正山的人比較少，聽說在山上容易迷路，所以我也不想獨自冒險，今天范先生同我一道去，我更樂意。因爲他正值壯年，又上過中正山。老馬識途，自然比較安全。

小七經過登山口時我們便下車。今天天氣這麼好，也只有我們兩人上中正山。范先生登山裝備齊全，手杖也是金屬特製的，可以伸縮。在登山口他就脫下登山背心，他說：

「這段山路很長很陡，到山上瞭望臺有六百多公尺高。」

這點高度我倒不在乎。我從家中動身，經不動瀑布上小坪頂，直趨三聖宮，這段路

也很陡，不止六百公尺，我一口氣走上去，不必休息，最多一個半小時，每次都是同樣的步伐、速度。中正山頂不會比三聖宮高，而且我們不是從山下走上來，最少少了三分之一的路程。

我走在前面，發覺這條山路眞是曲徑通幽。路窄而陡，但比上七星山那條老路好走，風景也好得多。今年陽明山花季定於二月十五日開始，但中正山的櫻花已經盛開，沿途有不少櫻樹，滿樹紅雲，鮮艷熱鬧，有的甚至已經美人遲暮，紅粉飄零。我不上陽明山，但每年我總是最先看到櫻花開放。不僅櫻花，所有季節性的花朶，我都最先看到，因爲不論杜鵑也好，茶花也好，山上多的是，我院中也有，所以我不上陽明山趕熱鬧。看花何必到陽明山呢？看人自然又當別論了。

我一個人在前面走走停停，范先生還是跟不上。他體重超過身高，登山喘氣，他年紀雖小我十多歲，但行動不如我輕快，今天和他一道，比我獨自登山時的速度還減低了不少，但比和那些寫詩的青年朋友登山時要快不少。帶那些大隊人馬登山，實在累贅。他們除了吟風弄月以外，登山、運動大多很差。最近秋水詩刊八周年，我陪他們去了一趟向天池，我說「不高」，他們却暗自抱怨，以爲我「騙」了他們，一面走，一面喘息地自我解嘲：「不高，不高！」其實，向天池不過八百來公尺，登山步道又好走，如果是

今天這種陡路，他們十之八九上不來。

瞭望臺在中正山頂上，六百六十四公尺高，山風十分強勁，登上臺頂，冷風刺手，如非天晴，更會寒氣逼人。雖然七星山還要高四百多公尺，我也在風雨中上過七星峯頂，但那次不是寒流過境，似乎還沒有冷風刺手的感覺。

過中正山再往上走，路更小。但却意外地遇見幾位從大屯山主峯那邊過來的山友，他們是清早四五點鐘就登山的，所以下來這麼早。他們幾個人在樹林中尋找草藥，其中一人找到一棵三四寸長的像小樹的幼苗拿給我看，我問它叫什麼名字？他說他也不知道，別人說是草藥，他也跟着別人找到一株。我問他有沒有蘭花？他說沒有發現過。眞奇怪，大屯山怎麼會沒有蘭花？是不是早就被人採光了？

走了不少小路，才翻上一座八百多公尺高的茅草山頂，這座山頂除了高一公尺左右的茅草外，一棵樹木也沒有。范先生有點累，他要在山頂上休息。我看看錶，才十點半，從登山口走到這裏不到兩小時。范先生對我說：

「你的脚程好快。」其實今天不算快，只是普通速度。

由於茅草深，一坐下來反而可以避風，不像在中正山頂瞭望臺上那麼冷。我們一面吃水果一面聊天，他對故鄉的山水也念念不忘。他說：

「將來回家之後，我一定要在甘棠湖邊蓋棟別墅，清早起來在柳堤上散散步那才眞有意思。」

「我早有此意，我還想坐在樓上在甘棠湖垂釣呢！」我說。我不好說他那種夢想中的生活我早在兩部長篇小說「靈姑」和「白雪青山」（兩書均收入中華書局出版的「墨人自選集」）中寫過，這些年來我一直在找一個理想的居住環境，但怎樣也找不到故鄉那樣明山勝水，交通便捷，人情濃厚的地方。日內瓦湖算是很好，但缺少廬山，缺少長江，更缺少鄱陽湖的襯托，所以整體說來，山水之勝，古蹟之多，還是不如故鄉，這是我比較得來的結論，決非義和團思想。

范先生十三歲就離開了九江，但他的印象之深不下於我。他還一再提到故鄉的飲食，他念念不忘蘿蔔粑、糍粑、甑兒糕，其實好吃的東西還多着呢！

「在外面怎樣也吃不到那種蘿蔔粑、糍粑、甑兒糕。」他說：「還有蓮藕燉肉的那種藕。臺灣的藕完全不是那種味道。再說此地的蓮子又貴，我小時候上學，嫩蓮子是一口袋一口袋的裝，一點也不稀奇。」

「你應該記得故鄉的魚，幾十年來我沒有吃過那樣好的魚。我認爲鱖魚還不算好吃的魚，做砂鍋魚頭的大鰱魚頭，和長江裡的大鯿魚，比鱖魚更鮮美。」

接着他也舉出好幾樣魚，都是我在「故鄉的魚」一文中早已提到的（見中華日報出版的拙作散文集「心在山林」）。

我們在高山上談魚，實在有點荒唐。但當局者迷，坐在草叢中，彷彿坐在長江邊上，不自覺其荒唐。

再往前走，繞過大屯南峯，可以上大屯西峯，因爲茅草太深，我們沒有上去，我上次去西峯時是和宋瑞兄一道。

這次我和范先生直下大屯坪，這裡茅草也深，幾乎不辨路徑。我很想看看坪裡的幾十條水牛，可是等我們走到大屯坪却不見一條牛影，不知道牠們鑽到什麼地方吃草去了？

那一羣牛沒有看到，卻遇上從大屯山主峯下來的五六位男女大學生。他們邊走邊談，完全是郊遊打扮，不像登山，看我們走路情形，也猜不出我們的年齡。范先生告訴他們說，我已六十開外，他們不免驚異，其實我碰見過八十多歲的登山老人，和三十歲的登山者一般矯捷，一般不愛運動的大學生眞趕不上他。我這種登山年齡只能算是壯年，還正當令。如果四體不動，二十歲也不能算年輕。

十二點多鐘我們就下山走到清水宮，坐小六回到北投。范先生又開自己的車子陪我

到硫磺谷洗溫泉澡。

住北投八年，我沒有去旅社洗過溫泉。硫磺谷什麼地方可以洗澡我又不知道。今天范先生算是替我開了一條路。

在某工職附近的谷底溫泉水質很好，水源也很充足，可惜市政府沒有規劃利用，任其浪費，現在的澡池是私人樂捐搭建的，因陋就簡，很不雅觀，而洗溫泉浴者日夜川流不息，幾無容身之地。如由政府規劃管理經營，收入一定可觀，是一個很好的無煙囪工業。

溫泉溫度相當高，起初我不敢下水，勉強下去之後，泡了幾分鐘，一身舒泰。很多人泡得滿身通紅，一泡再泡，泡過之後全身發熱，不畏寒冷，范先生還在冷風中作體操。

這邊有茶水、飯菜供應，隨意樂捐，以資值班人員開銷。

這一天的活動很有意義，運動量夠，又找到了一個洗溫泉浴的地方。以後每次登山下來，再在溫泉裡泡泡，那就是地行仙了。71.2.13.新文藝副刊

近水知魚性

最近傳出日月潭有食人魚，這種生長在亞馬遜河的兇猛食人魚，怎麼會在日月潭出現呢？起初我大惑不解。後來才從報章獲悉，原來是十幾年前就有養熱帶魚的商人從產地進口，當作觀賞魚來養，大概是有人在日月潭放生，食人魚才會在日月潭出現。

臺灣國民生活水準一天天提高，生活太優裕了就不免異想天開尋求樂趣，如養鳥、養狗、養花，風氣日盛一日，養魚自然也不失爲一種樂趣。但是養鱷魚、養食人魚，卻不是什麼好事。鱷魚皮固然可以牟利，但鱷魚到底是兇猛的動物，吃人的殺手，而且樣子又十分難看。食人魚也不是漂亮的魚類，兇殘無比，養這兩種魚有什麼樂趣可言？但是臺灣居然有人養。正如獅子、老虎也有私人豢養一樣，這不是培養生活情趣，實在是玩命兒。

魚和花鳥一樣，都是很可愛的，而且可以入畫，但我國花鳥魚虫畫家，所畫的魚絕無鱷魚、食人魚，這種魚類一入畫就破壞了恬淡寧靜的風格。不像游鯵、鯉魚、金魚，

那樣能給人一種詩情畫意，一種美感。

魚因產地不同，大小習性亦有差異，我喜歡生於長江大湖中的淡水魚，不但味美，魚性也不兇猛。前些時石門水庫水淺有人釣起幾十斤重的大鰱魚，嘖嘖稱奇，其實幾十斤重的鰱魚，在長江中多的是。這種魚生長速度最快，從魚苗到幾十上百斤的大魚我是司空見慣，魚苗第一年就可以長到一斤多重，以後長的更快，電視上說那條幾十斤重的鰱魚大概有二十多年了。石門水庫裏的養份可能不及長江裏的豐富，但也不要二十多年，頂多十幾年就能長到那麼大，鰱魚刺多，全身精華不在魚身而在魚頭。在故鄉鰱魚頭的價格遠超過魚身，因它是砂鍋魚頭的最佳材料，腦髓的豐富鮮嫩是臺灣鰱魚望塵莫及的。這可能和頭部大小有關，長江的鰱魚頭特大，重量體積幾佔全身之半，臺灣的鰱魚頭卻小多了，是不是橘逾淮而爲枳呢？

鯉魚是一種漂亮雄健的魚，金鱗閃閃，姿態優美，行動敏捷，喜歡跳躍，比鰱魚矯捷得多。鯉魚生長得也快，長江中幾十上百斤的大鯉魚很多，肉比鰱魚肉緊密，刺則比較硬而少。過年時家家戶戶都用它作三牲。所謂三牲，一是豬頭，二是雞，三是鯉魚。作祭祀的鯉魚多半只用三五斤重的。鯉魚鮮吃不如醃過，醃過的鯉魚晒乾之後切成小塊放進茶油罈裏浸漬，吃時取出，肉色紅黃，在飯上一蒸，色、香、味俱佳，下飯下酒，堪

稱一絕。

鯽魚形狀和鯉魚相差不多，身體較短，是銀鱗不是金鱗。這種魚長不大，很少見到三五斤以上的。也沒有鯉魚那麼矯捷生猛，性情溫馴得多，肉味却比鯉魚鰱魚鮮美得多，宜於煮湯，如果加幾塊嫩豆腐，或一兩個鷄蛋作蛋花，眞會使人饞涎欲滴。這種魚很容易捕撈或釣，繁殖力強，是最普通的下飯魚。臺灣的鯽魚味道差多了。

和海水魚鯧魚類似，身體扁平，嘴巴很小的鯿魚，性情十分溫馴、鱗細、肉更細嫩。鯧魚是海水魚中最好吃的，但比起鯿魚來却相去甚遠；鯿魚肚皮肉尤其肥嫩，是上酒席的好魚。這種魚也長不大，十斤以上的很少見，三五斤的倒很多。

鱖魚是膾炙人口的名魚，臺灣少見，故鄉出產很多。這種魚其貌不揚、黑褐色皮膚，無鱗、背鰭很硬，嘴巴下唇比上唇長，肉厚膘肥，肉中無刺（脊刺除外），別處視爲珍饈，家鄉處處都有，不足爲奇。現在正是秋風起、桂花香、鱖魚肥的時節了。

其他有鱗無鱗的魚種類繁多，不一而足。每一種魚都極鮮美，與海水魚大異其趣，不可同日而語。

別離魚米之鄉四五十年，想起家鄉的魚會流口水。臺灣河川魚已經很少，不像家鄉有水的地方就有魚。養魚簡直是奇談。臺灣雖然四面環海，陸地却少有魚，淡水魚全靠

養殖。為了賺錢要養魚，為了生活情趣也有人養魚。我之想養魚完全是為了生活情趣，和養花一樣。

魚是我兒時的朋友，雖然我不生在打漁人家，自幼卻喜歡在水邊賞魚。看楊花落在水面，魚兒在水面喋喋，是人生一大樂事；冬天看人家把滿塘的水車乾，魚一擔一擔地挑上來，自己在塘邊隨手捉幾條，也是一大樂事；夏天看別人用各種不同的方法釣魚，自己也坐在柳蔭下垂釣，雖然成績沒有別人好，陪着公子趕考，也是一大樂事；……總之，兒時和魚兒打交道的事不止一籮筐，卻沒有一次不愉快，而最令我喜出望外的是某年冬天與友好去江邊遊玩，在一個乾涸的大沙坑裡發現了許多鯽魚在潮濕的沙地上蹦蹦跳跳，恰巧泥沙裡有一隻竹籃，本來裝了一籃地瓜，經過幾個月的水淹，地瓜爛了，我把爛地瓜倒掉，裝了滿滿一籃的鯽魚，與友好抬回他家，這份喜悅，一輩子難忘。

我是木命，喜歡水，連帶也喜歡水中的魚。也多少瞭解一點魚性。淡水魚活潑溫馴，美味可口，食人魚是個例外。

最近我作了一個魚池，養滿了金魚錦鯉，還養了四條半斤來重的鯽魚，每天早晚我要在池邊欣賞好一陣子，是枯燥單調生活中一種樂趣，一種生趣。

原載中央日報晨鐘副刊

浮生小趣

人活着不能像根木頭，也不能像個機器，自然更不能像賈寶玉所討厭的「祿蠹」賈雨村。讀書人一流入這一類型，那就比傖夫俗子更可悲了。如果鎮日幻想，只想摘天上的星星月亮，空中樓閣，夢裡情人，那又太不切實際了。處在一個節奏太快，充耳噪音，通衢黑烟，到處污染，難得一片清靜地的工商業社會大都市，的確要懂得一點自處之道，要想辦法從萬丈紅塵的現代生活中返璞歸眞，卽使是短短的一段時間也好。無論現代生活怎樣忙碌、枯燥、緊張，每天總有一點點時間是屬於自己的，總有一點點空間是屬於自己的。如果把這一點點時間再用於觥籌交錯，或「四健會」中，那就太可惜了。

我大半生時間，都賣給了公家，我擁有的空間也不大，而且是在人棄我取的情況之下買來的。經過十年時間的經營，我已經很滿意我這片綠意盎然，生氣勃勃的小天地了。唯一「美中不足」的是少了一個魚池。

我歡喜山，更歡喜水。我生長魚米之鄉，對魚更有一份親切感，我喜歡魚的活躍，

喜歡「海闊憑魚躍，天空任鳥飛」的大世界。但是現在時移勢易，不復有童年寫這副春聯的環境，更不能每天看家家炊烟直，長江落日圓。但還有靜觀小園綠，坐看大屯春的閒情。心中總一直盤算着怎樣在小園裡建座小魚池？一是小園不大，二是自來水養魚不理想，所以十年來遲遲未決。

本來去年我買了一個魚缸，三條金魚，一條鯽魚形狀、全身銀鱗，胸腹却有三對紅鰭、四片漂亮的長飄飄的紅尾而不知名的變種魚。有一次變壓器壞了，空氣不足，悶死了一條金魚，其他三條也翻了肚皮，但還未死。清早起來，我發現這種情形，連忙把牠們撈起，放進一盆清水裡，終於救活了三條，再換一個新變壓器。現在牠們長得很好，比剛買來時大了一倍以上，尤其是那條變種魚，快有半斤重了，小魚缸實在委屈了牠，因此我下決心建個魚池。

螺螄殼裡作道場，是很費斟酌的。選來選去，我選了一條排水溝上的水泥地，長約三四尺，寬一尺多，既不佔種花的泥地，底下又有水溝可以排水，於是我把原來放在那上面的兩大缽海棠移到別處，請水泥工就地形砌起一尺半高的魚池。想不到一砌起來，裡面只有一尺多寬，水泥一糊，不但不像魚池，反而像一口棺材；內人一直嘀咕，我說等裡面鋪好白磁磚，外面貼好紅鋼磚，我再放幾缽花在台上那就不像了。可是白磁磚紅

鋼磚貼好之後，輪廓仍然未變，還是一副棺材相，我雖然放了幾缽花在上面，她還是一夜未睡好，吃了一片安眠藥也趕不走她心中的鬼。

我只好又找水泥工改造，把一片開得十分漂亮殷紅的鷄冠花拔掉，一株茶花挖起來移作盆栽。這樣面積擴大了一倍，囑水泥工依地形向左拓寬，這樣必須打掉昨天剛砌好的一面牆，重新整地再砌，仍然內貼白磁磚，外貼紅鋼磚。我晚上下班回家一看，正好像一個黑體的英文M字，紅白相間，相映成趣，看來賞心悅目多了。她不再嘀咕，我心裡也落下了一塊石頭。對於原先那個棺材形的魚池，我心裡也不是味道，只是嘴裡不好講。這個比一平方公尺略大一坪稍小的小魚池造價三千七百元，雖然多花了上千元，但我也可以多養幾條小錦鯉、金魚。白底、清水、紅魚游來游去，又添一份情趣。

我平生無大志，只愛青山綠水大自然和培養心中一片天機。人站起來不過一直，躺下去不過一橫，和宇宙大自然相比，該知道自己有多大?實在不必作踐別人，更不必作踐自己。物我可以相容，天人不難合一，浮生亦有小趣。

現在我的玉蘭、樹蘭、鷄冠、素心蘭正在開花，楊桃也小紅花滿樹，前後三株高可盈丈的桂花也快要開了。再加上這個小魚池，我已完全作好提前退休的準備，決心遠離市塵，終日面對小園、大屯，與草木爲伍，寫我不打算賣錢的拙作，也是浮生小趣之一

，更是我多年來想完成的心願。

原載72.2.1.中央日報中央副刊

往日師友

我國新聞界耆宿、國大代表、嶺南黃天鵬夫子，以其在黎明文化公司出版的「天廬論叢」見贈，實在受之有愧。天鵬夫子不但是前輩，也是我的老師。只是事隔四十多年，他並不認識我這個門生，我又不求聞達，向來拙於建立人際關係，人不找我，我絕不攀龍附鳳。尤其是在我服務單位，我儘量避免與代表私人接觸，安份守己地作一個公務員，盡我的本份。就因爲這種不合時宜的做人態度，因此知道我的人很少，連天鵬夫子也不知道有我這個不成材的學生，直到最近才揭開這個謎底。

說起來這是民國二十八年的事，已經四十二年了，那年中央訓練團在重慶沙坪壩開辦了新聞研究班第一期，我以武學生的身分考取受訓，同期的學長們很多是留日學成歸國的，有些是政校、復旦新聞系畢業了再回爐受訓的，有些是軍中主管文化宣傳工作的，無論在那一方面我都是小老弟，而且那時我剛從鬼門關回來，雖然勉強報了到，但還是病懨懨的，一下課，我就躺在鋪上休息，別人生龍活虎，交際應酬，建立了良好的同

學關係，我却依然故我，眞正和同學們開始交往，還是三十八年來臺以後的事。因爲當年同窗老友，在臺灣還有三四十位，每年我們都有三兩次餐會，雖然我不打牌，接觸的機會沒有別的學長多，但聚餐我絕不缺席。

當年舊友無論在那一行業都比我有成就，而始終堅守新聞崗位的似乎只有中央社東京分社主任李嘉學長，他在東京就待了三十多年；始終沒有放下筆桿的卻比較多，如詩人覃子豪，一生寫詩，至死不渝；雜文家應未遲，雖面面俱到，亦始終未曾停筆；社論寫得最多，散文亦爲老手的闞見思，鋒頭正健；李嘉雖是名記者，在重慶時代亦爲活躍詩人，最近在新詩學會頒贈新詩獎典禮中，陳紀瀅先生還提到當年籌開第一屆詩人節大會時，李嘉奔走最力，終於成功，當時在重慶的大名鼎鼎的詩人都參加了。這段往事在中國新詩史上應該記上一筆，而本來是復旦大學新聞系畢業，又赴日本深造的何名忠學長，卻別開生面，以國樂家馳名國內外，這也是想不到的事。正如我當年投筆從戎時原以爲可以一帆風順地幹到將軍，卻一天兵也沒有帶過，而始終與禿筆爲伍，人生際遇眞很難說，冥冥中自有安排。

天鵬夫子桃李滿天下，而在六十七年他七十大慶時替他主編「天廬論叢」的却是何名忠學長。天鵬夫子民國十九年就在復旦新聞系任教，名忠學長兩度受業，並精讀其新

聞學著作百餘萬言，擔任此種紀念文集主編，固爲最適當人選。本書共分四輯，第一輯「新聞論叢」、第二輯「憲政論叢」、第三輯「僑務論叢」、第四輯「春秋別記」。

天鶡夫子歷任復旦、滬江、中大、政大、幹校、文化、世新等大專院校教授兼系主任，一生從事新聞教育工作，著作等身。除本書外，尚有「韓昌黎守潮考」、「史官與記者」、「讀史札記」、「中國新聞事業」、「日韓俄萬里遊踪」、「新聞學論文選輯」、「新聞學導論」、「天廬談報」、「東北經濟調查」、「新聞記者論」、「新聞學概要」、「海天遊記」、「報壇逸話」、「新聞事業」、「逍遙夜談選」、「新聞學演講集」、「中國政治制度」、「出版法釋義」、「中國制憲史略」、「行憲法規彙編」等數十種。此外還創辦了「新聞學刊」、「新聞周刊」、「報學月刊」、「洪陽」、「微言」、「南風」、「南報」及「中國新聞社」，並在重慶大轟炸時期主持「重慶各報聯合版」經理委員會，歷經艱危，其時一切責任都落在他的身上。我們在沙坪壩新聞研究班求學時，他又負責教務工作，那時他才三十出頭。歲月催人老，如今天鶡夫子已經七十多了，當時少不更事的我，現在已年逾花甲。所幸天鶡夫子壯健如昔，尚無老態。昔日舊友，多近古稀之年，但無暮氣。我們這一輩人都是苦難中國的見證人，但願還能親見中國富強康樂，中國人揚眉吐氣，最少我個人有此信心。

原載71.11.30.青年戰士報「新文藝」副刊「山中人語」專欄

二〇〇八年八月二日補校於北投紅塵寄廬

人性差異

人生禍福無常，爲禍爲福，大抵與人個性有關。所謂「禍福無門，惟人自招。」但這是果，而不是因。而人之性格又與生俱來，很難改變，所謂「江山易改，本性難移」也。性情暴戾的人，必然惹禍，性情和善，自然多福。而「暴戾」與「和善」，乃至「忠厚」與「奸詐」，都是先天的，後天的教養影響不大，即使平時能夠掩飾、僞裝，一到重要關頭，必然原形畢露。大奸大惡之人，多善僞裝，但僞裝中必包藏禍心；至情至性的人，在任何情況之下，不失純眞。此其大者。小至抽烟喝酒，都與性格有關。有人說戒烟就戒烟，說戒酒就戒酒，終身不犯。有人今日戒，明日犯，一生可戒千百次，直至死於烟酒，方不再犯。最近就有這麼一個至親晚輩，多年前我曾疾言厲色勸其戒烟戒酒，並預言惡果，但他不聽，今日果得肝病，這種人死不足惜，但禍延妻子。這種人十之八九是聰明人，但往往聰明自誤。他們不是不知道烟酒的害處，而是貪圖口腹之慾，明知故犯。任何人苦口婆心相勸，都當作耳邊風。小事如此，大事亦然。

姜貴是聰明絕頂的人，本患高血壓，又體重超過甚多。原本好酒，一度戒絕，醫生勸他節食，他也能辦到，一度體重減輕很多。去臺中以後，前幾年情況不好，後來很不

錯。他去世後我才聽說他中了愛國獎券，發了一筆不小的財（在賣文爲生的作家來說，自然不算小，在商人眼裏，那就不值一提了），可以說如願以償。往年我們一道跑命相館，買獎券，也無非是想中個大獎，發點小財，但他在臺北卻只買不中，想不到到臺中後居然中了，照理應該是一大好事，也想不到卻變成了壞事，居然又喝起酒來，甚至喝卯時酒。可惜他到臺中後與我來往漸少，如果我們仍常在一塊，我雖明知我不能改變他，我還是會勸他不要喝酒，以盡朋友之義。

不但姜貴不能約束自己，很多人都難辦到。所以有句名言說「人最大的敵人就是自己。」

能約束自己的人照我們古人的話說是「克己」功夫。「克己」不是一件容易的事，能「克己」的人上焉者可成聖賢，次焉者不失爲君子，下焉者亦不失爲好人，不論做任何事都會有始有終，有始有終必有成就。這種人在命學上講，必是正官得力。正官得力，必能約束自己，自求多福，事業有成；如再加上正印得力，必享盛名。但具備這種命格的人很少。

姜貴是偏官偏印得力，而無食神，因此任性。偏官偏印，能出奇兵，不同凡響，但到底偏不如正。等而下知者則靠大運，有十年二十年的好運，亦有十年二十年的風光。

如官印（正偏）都不見，往往缺乏自制力和自知之明，連戒煙戒酒都辦不到，如再加食神重，雖然人也聰明，那不過是貪圖享受，得過且過的懶蟲而已。遇到這種人就不必白費口舌。

天地生人，良莠不齊；一母所生，賢與不肖有時判若天壤。老子說：「天地不仁，以萬物為芻狗。」造物無心，無所厚薄，全在時空交會，一經定位，便難移動毫分。連戒煙戒酒小事，也都辦不到。

「天作孽猶可違，自作孽不可活。」這話裏面的因果關係並沒有分清楚。自作孽固不可活，天作孽亦不可違。孟子性善，荀子性惡之說，都只對了一半，也錯了一半。人這種動物，既不像孟子所說的性善，也不像荀子所說的性惡，而是有善有惡，不能一概而論。孟荀的知識層次，遠在老莊之下，關乎大小。今天的心理學家，對人性亦有較多瞭解。而命學對於人性則可作個案分析，分絲不差，不但賢與不肖立見，因循與果斷亦可分曉。

原載71.11.30.青年戰士報「新文藝」副刊「山中人語」專欄

戌年話狗

今年壬戌，十二生肖屬狗。

我喜愛家禽家畜，只是三四十年來，住處狹小，不能隨心所欲地養些自己喜愛的動物。我作了幾十年的夢，希望有一個農莊，種花種樹，養鷄養鴨養狗，可是這個夢是越來越難實現了。

年初三我登山時，發現山上一戶破舊荒廢的房屋已經修好，而且用鐵絲網圍成一個院子，房子並未住人，院子裡却養了三條狗，一條土狗、兩條是血統不純的狼狗，我獨自經過時他們都表現出幾分敵意，如果一衝出那個因陋就簡的院子，那眞十分危險，一個人是怎樣也應付不了三條大狗的，這是我登山的必經之地，對我有很大的威脅。

狗對生人雖不友善，對主人却十分忠誠，任何狗都會看家，會保護主人，這和猫完全不同。所以我愛狗甚於愛猫。

臺灣有很多人以養狗爲業，在北投復興路就有兩家，養的都是名犬，從很小的玩具

狗到那高大壯碩強似虎豹的救護狗都有，從前臺灣沒有那種大狗，我只在佛羅倫斯和日內瓦看過。清早起來，洋主人牽着那種高大的狗散步、大小便，本來西方人是最重視環境清潔衛生的，可是由於他們愛狗，因此整潔的街道行道樹下便佈滿了狗糞，尤其是日瓦湖邊的草地上，盡是狗糞，一不小心就會踩上一脚。這是美中不足的地方，也是西方文明的一個污點。臺北由於養狗的人一天多一天，也有這種情形。尤其是一般人家住處都很狹小，人與狗雜處，沙發變成了狗床舖，那股臭味很不好受。以前我從復興中學那邊上山，清早的空氣本來十分清新，可是一走近那戶養了幾十條狗的人家，不但狗的狺狺之聲盈耳，那股臭味更令人欲嘔，因此這一年來我就不再走那條路了。

養狗要有寬敞的環境，狗有活動的空間，人與狗都很舒服，不然彼此受罪。現在臺灣的狗時常生病，大概就是活動空間不夠。從前我們在家鄉養狗，讓牠們自由奔馳，愛跑多遠就跑多遠，從來沒有生病看醫生的。我家裏有一條狗就活了二十三歲才老死。

在臺北我也養過三次狗。一次是從一位班長手上買來的大狗，據說是日本的秋田狗。這條狗是褐色的，很兇，那位班長大概是怕牠闖禍，或者已經闖了禍，才以三百元的低價賣給我，不過二十多年前的三百元也要抵現在的三五千元。我不怕牠兇，我正需要

一條兇狗，因爲那時我養雞，爲了防備小偷，需要狗來看守。可是這條狗專愛咬雞，即使套上口罩，也能把嬌滴滴的來亨雞咬死，因此十分淘氣，可以說是未蒙其利，先受其害。此外牠還愛咬人，除了我以外誰都不敢惹牠，牠聽見生人在家中說話就會狺狺作吠，小兒子也被牠咬過一口。後來這條淘氣的狗在冬天病死了。

第二條狗是一位水手送我的，牠的名字叫夢露，其實牠是一條金黃色的公獅子狗。那時瑪麗蓮夢露正紅，是許多單身漢的夢裏情人，所以養牠的水手給牠取了這個妖姬的名字。後來他要上船，便送給我這個同鄉了。

夢露十分聰明、狡黠，會察言觀色，有反叛性，大概由於我不是牠的第一位主人？個性又野，時常偷偷溜走，最後一次終於一去不回，十之八九是作了香肉。但我卻爲牠寫了一篇紀念小說，並入選維也納納富出版公司出版的「世界最佳動物小說選」，題目是「小黃」，是用「江州司馬」筆名寫的，因爲第一次我有一篇用墨人筆名寫的「馬腳」小說入選，編者不希望每年都是同一人入選，希望換個新面孔，連作者介紹也是隨便編寫的。因此以後我就不再寄，說來這已經是二十年前的往事了。

第三條狗是鄰居虐待不要的小白狗，被我收養過來。其實這條狗也很聰明可愛，很會看家。我把牠養好之後，鄰居也會看牠幾眼，可是牠一看見鄰居，便以怨懟的眼神看

他，不屑地走開，因爲過去牠實在被鄰居打得很慘，不但嗥嗥叫，而且全身發抖，屎尿直流。就因爲這樣我才把牠收養過來。

可是就在我把牠養得白白胖胖的時候，一個冬天清早，牠在馬路邊被偷狗的人下了毒，牠連忙跑回家，一跑進院子就倒地死了。香肉沒有做成，卻白白地害了牠一條命。以後一直到現在，我沒有再養狗。

我現在的住處前後雖有院子，但比大直的小多了，而且前後不通。

我打算明年提前退休之後再養一條狗。弄鳥弄狗都需要有閒，沒有閒工夫，一定養不好。去年我養畫眉時就因爲太忙，一時疏忽，忘記加水，把一隻畫眉活活渴死了。退休以後，我一星期可以登兩次山，有狗作伴，不但有安全感，也不寂寞。爲了看家，爲了結伴登山，我準備養狼狗或篤獱狗。

狗的種類很多，我不喜歡小不點的玩具狗，甚至狐狸狗我也不中意，因爲狐狸狗體型小，力氣小，唬不倒人，也不是大狗的對手。狼狗和篤獱狗都聰明威武，有英雄氣概。

前些時我在龜山廣興里，看見一個人帶了兩條好狗，一條是黑色的公狼狗，十分英俊威武，一條像我從前養的秋田狗，體型毛色都差不多，但個子高大多了，比和牠一道

的黑色公狼狗也高大威武多了，那兩條公狗在馬路上跟著主人慢跑，神氣十足，十分可愛，我指着那隻高大威武的褐色狗問主人：

「這是什麼狗？」

「秋田狗。」主人得意地回答。

我那條秋田狗有八十多台斤，這條秋田狗最少在一百臺斤以上，因爲看來牠比我那條狗大多了。

據說秋田狗是鬥狗，很會打鬥，看來那隻黑狼狗便不是牠的對手。養一條這種大狗，不問遇着什麼敵人都不在乎，尤其是深山野外，更有安全感。可惜這種狗在臺灣不多，不知是什麼原因？我喜愛秋田還有一個原因，就是牠的外形最像中國狗。如果牠不是從中國傳到日本的，最少也該是中國狗的血親。如果有這種大秋田狗，我更想養。

狗是人類最好的朋友，最可靠的朋友。如果你交友不慎，或是吃過人的虧，不妨養條狗。不論是什麼狗，牠對你都很忠實，絕對不會出賣你。

原載71.3.16.中央日報中央副刊

閒適的心情

工商業社會完全是一個爭名逐利的社會，是一個早晨栽樹希望晚上乘涼的急功近利的社會，因而也造成一本萬利甚至不勞而獲的投機暴發心理。很多人成天把小收音機帶在身上，甚至走路也把小收音機放在耳邊收聽股票市場的消息，或是泡在股票市場兩眼瞪着黑板上數字的變化，這是現代人的生活型態之一。此外如跑機場送往迎來，連看報的時間也沒有，吃飯也不定時，睡覺也不安神，這種生活，縱然富可敵國，貴埒王侯，何樂之有？

有錢雖然可以酒肉徵逐，聲色犬馬，僕從如雲，有名也可以到處「作秀」，但是人去樓空，夜闌人靜之後，內心也還是一片空白，一無所有。甚至樂極生悲，那就更得不償失了。

工商業愈發達，物質生活亦愈富裕，人也更加忙碌、更用心機，勾心鬥角之事，層出不窮，休閒的時間，平靜的心情自然相對減少。老子說「不見可欲，其心不亂。」人

欲橫流之世，心情焉能閒適？焉能不亂？

我最仰慕鄉賢陶淵明的生活情操，但我和他的所生的時代不同，他處在一個單純的農業時代，有田可歸，有桑可種，有菊可採。我先處在一個天翻地覆，槍林彈雨的時代，現在又處在一個瞬息萬變的資訊時代，無田可歸，無桑可種，因此不能不為五斗米出賣時間，出賣生命，縱不折腰，內心也夠痛苦窩囊了。

但是不論工作情況如何？幾十年來我的基本原則從未改變。從前在大陸時代我是「合則留，不合則去。」絕不考慮利害。來到台灣後雖沒有退路，但我在工作上從不出任何差錯，不求有功，必求無過；不求「上進」，心安理得；一不擋人官路，二不擋人財路，人棄我取，但求閒適。別人勾心鬥角，我卻若無其事。公餘時偷閒看看書，寫點短文——年輕時經常在大辦公室人聲電話鈴中寫長篇。五十歲以後，尤其是負責行政工作之後，則無此能耐。因雜務在心，思慮不純，寫寫停停，恐怕牛頭不對馬嘴，所以儘管一個大長篇在心中醞釀了幾年，也不敢輕易動筆。一心打算提前退休之後，一氣呵成。由於為五斗米的關係，我已經有十年以上沒有寫過一個長篇，但是不管行政工作如何繁雜，我總保持一份閒適的心情。我不是溫吞水的性格，反之，我的性子很急，該作的事提前作，作完之後一身輕鬆。加之從無患得患失之心，今天走，不早，明天走，不遲，

一切處之泰然，自然閒適。最近兩三個月來，雖然沒有任何假日，早晨六點多鐘離家上班，晚上七點才能到家，但回家之後照常養魚種花，樂在其中，雖南面王不易也。

現在正是百花齊放的春天，繁花似錦，沒有時間去陽明山賞花，但幾乎在每天早晨上班之前，我一定順道去酒泉街花市逛逛，這是台北市最大的花市，每天天亮之後，八九點之前，台北市的花販都雲集到這兒擺出他們最好的花色，供人挑選，看得中意的我一定挑選一兩種帶去上班，下班時再帶回家種植。木本的茶花栽在土裡，小型的西洋杜鵑玫瑰栽在缽裡，放在案頭。台灣的園藝進步眞快，每年都有新品種的花木上市，台灣不僅是水果王國，也是花卉王國，一年四季都有花開，我的室內，前後小花園裡也是姹紫嫣紅花開不斷。現在正是杜鵑、茶花、玫瑰、大理的大好季節，杜鵑取其熱鬧，茶花、玫瑰、大理取其嬌艷，而且花期又長。我有名品種的紅觀音、六合、六角、七巧、九曲、十八學士等茶花十多株，最近還購了一種新品種的花朵特大的茶花，可惜我還不知道它的名稱。這些茶花的花期先後可以維持三四個月的時間。這些茶花各有特色優點。六合雖有花蕊，不算太大太美，但生長快，花多，花期長，先後足可以開兩個月。我有三株，其中一株初買時高不過一尺，十年之後現已有一層樓高，與那株桂花聯肩並立，不相上下。紅觀音茶花生長也快，可惜花少，但花如繡球，紅艷奪目，美麗非常。九曲

花朵層次多，顏色深紅，花也不少，是很好的品種，但不易培養，土壤不好，排水不良，施肥不當，太陽直射都會失敗，我失敗過一次，今年又補購了三株。七巧花朵更是重重疊疊，花形美麗，顏色雖沒有九曲鮮紅，也是名種。六角我有紅白兩株，花呈六角形，白的開得較多較好，紅的開得不多。十八學士只有一株，已經種了十多年，有六七尺高，樹型也發育良好，十年前我花了四百 塊錢高價買來，現在市價當在三四千元之間，花市也沒有這麼大的十八學士，十八學士比廣東粉漂亮、紅潤，花形美，花朵層次多；花朵雖沒有九曲大，但十分典雅。另外今年新買的兩株新品種的大型茶花，一株尺來高的嬌容只開了一朵，現在已奄奄一息，只剩兩片葉子未落，看來是活不成了，可能是雞糞基肥土太肥，傷了根？去年買的一株新品種的大茶花也種死了。幸好今年買的另一株大紅的新品種大茶花長得很健旺，兩尺多高的樹花了七百五十元，比同樣大小的九曲、七巧要貴兩倍以上，但這株茶花令我心滿意足，十二朵花苞一朵未落，而且日長夜大，花苞比九曲、七巧等茶花要大一倍以上，現在有四朵正盈盈綻放，以花苞比例來看，盛開時當有盌口一般大，可以算得上是茶花之王了。據說雲南的茶花很大，可惜我未見到。六七年前我在舊金山一家花圃裡看到一株大茶花，曾想買回來，因關卡太多，我又要在東京停留幾天，只好依依不捨離去。我這一株新買的進口品種茶花，花朵只會比

舊金山的那株茶花更大，六七年前的心願，總算得償，我把它種在魚池旁邊的最佳位置，每天早晚，我會靜靜欣賞一番，面對紅鱗閃耀，朵朵鮮花，內心之喜悅，平靜、恬適，難以文字形容。平生無大志、惟山水魚鳥草木而已，此中樂，雖南面王不易也。

原載73. 4. 8.中華日報中華副刊

因禍得福

最近十多年來，臺北早起運動，假日郊遊登山的風氣日盛一日，這是一個安和樂利，充滿朝氣的好社會現象。

人人都知道早起有好處，運動對身體更好，可是眞能做到早起運動的人並不太多。凡是能早起運動的人大多是自律甚嚴，樂觀進取，生活很有規律，又善於利用時間的人。

臺北市可以運動的地點最早的是圓山，圓山早覺會已經有好幾十年的歷史。當年那些在日據時代就風雨無阻地上圓山運動的男女青年，現在已經是八九十歲的阿公阿婆了。他們都在天亮之前趕到圓山，數十年如一日，這份恒心就令人敬佩。他們的健康長壽，不是靠吃藥打針得來的。

臺北市新公園也是一個比較早的運動地方。它雖在市區中心，但樹木茂盛，空氣也不算壞，清早在新公園打太極拳、跳土風舞的人越來越多。

國父紀念館、中正紀念堂是後起的運動場所，地方大、容量多，也是市民早起運動的好地方。

住在郊區的市民，雖然沒有市區那麼大的公共活動場所，但有良好的天然環境可以利用，會游泳的可以利用水，愛登山的可以利用山，都可以達到以運動增進健康的目的。

我有一位住在新店的朋友，他就充分地利用了新店溪，不論春夏秋冬，每天早晚他都要游泳兩次，樂此不疲，雖然年過七十，心理之年輕，行動之矯捷，絕不下於二十來歲的小伙子。

住在北投天母的人，可以利用山，登山比游泳更安全。新店溪經常有溺水事件，大屯、七星山很少山難發生，即使攀登峯頂，亦不過一千一百公尺上下，而且有登山步道，如果不上峯頂，隨便登五六百公尺，出一身汗，既安全又可達到運動效果。

北投因爲背依大屯山，坐北朝南，冬暖夏涼。不過大屯山的兩條小溪，過去一直是北投的禍患，每逢颱風季節都會造成災害。因爲大屯山出磁土，商人濫採，一遇颱風大雨，砂石便沿貴子溪、水磨坑滾滾而下，大石冲擊的聲音更如雷聲轟轟，驚天動地，損毀房屋，淹沒農田。這種災害，一年往往發生兩三次。三四年前的一次颱風，災害最大

，我附近很多房屋，都被砂石掩埋，冰箱家具都被急流冲走。一夜石破天驚，彷彿一夜激烈的砲戰。由於這次教訓，市政府才暫時禁止挖掘磁土，決定徹底整治水磨坑、貴子溪，花了兩年多時間和幾億經費，作了兩條大排水溝，使溪水可以暢流，砂石也可以攔住，使北投居民因禍得福，對我尤其方便。

那次大颱風雨對我並沒有造成災害，因爲我的房屋地勢高，但我却受益不少。因爲後面的舊排水溝整好了，不但比較美觀，也更安全。

貴子溪是從不動瀑布下面山谷出口處開始整治，溝深而寬，一段一段向下傾斜，溝底鋪鋼筋水泥，護岸是水泥鵝卵石或鋼筋護壁，兩岸邊約有三公尺寬水泥人行道。我從家中出發，沿着大排水溝走到不動瀑布，約二十分鐘。因爲是「步步高陞」，中間還有幾座石階，走完這段路程可以出一身大汗。

水磨坑大水溝施工情形和貴子溪一樣，只是這邊地勢更陡，從我家走到頂層，一共有十二座石階，最低的有臺北天橋那麼高，總共有七百一十多級。以一般男人的速度走，要二十分鐘才能走完這段陡峭的路徑。我以最快速度走，也要十五分鐘，走到頂點更是一身大汗。

一個月以前，我獨自上向天池，再下小坪頂，由於下山路徑窄而陡，我走得又快，

可能是脊椎震動得太厲害，第二天覺得腰椎痠痛，便改爲每天清早五時上水磨坑頂去運動一小時，再回家洗澡、吃早點上班。

以前我是每天早晨在屋頂運動三四十分鐘，星期天登山，運動方式改變之後，我覺得也很好。

清早水磨坑上面的空氣十分清新，呼吸起來十分舒暢。溪水潺潺，鳥聲嚶嚶，晨風習習，人與大自然契合，身心愉悅無比。

利用這個新環境早起運動的人不少，而且都是中年以上的人，他們都起得很早。有一天我四點多鐘就上去，路上沒有一個人，走到頂上層，却發現有兩對夫婦已經在那兒運動。眞是「莫道君行早，更有早行人。」這時天還未亮。

這兩對夫婦天天都早，我還沒有發現比他們更早的人。每天他們都比我先到。他們的年齡和我差不多，其中一位男的頭髮已經全白，他太太是一位運動老手，身體柔軟，行動敏捷，跳跳蹦蹦一如小姑娘，她這種身手絕非一朝一夕之功。

在這些早起運動的中老年人中，還有一位滿頭銀絲，一雙改良派的腳，拄着拐杖，白白胖胖的老太太，她也每天爬上六七個石階，活動活動筋骨，看她那一雙改良派的腳，年齡應該在八十左右了，那一口湖北腔，聽來還有幾分親切感。

貴子溪、水磨坑本來是北投的兩大禍害，經這一整治，便化腐朽爲神奇，北投居民也因禍得福。我更覺得我卜居於此是全臺北最好的地方了。

國父紀念館、中正紀念堂，場地雖大，但空氣不如山上新鮮，即使是在花木扶疏的新公園，也不能和山上相比。在平地跳土風舞，打太極拳，也沒有爬這一段石級路的效果好。打高爾夫更不必談，那是擺闊的玩藝兒。太陽、空氣、水，是人類的三寶，這兒三寶俱備，可以予取予求。兩溪上游溪水之清澈冰涼，非自來水可比，空氣更是一塵不染，山上樹木更多，自然成林，早晨更蒼翠欲滴，有自然生態之美。

天然加人工，形成了一個居住的好環境，能利用這個好環境早起運動的人，都是福慧雙修的人。

我往往因禍得福。我亦知福惜福，向不奢求。

原載71.8.13.青年戰士報「新文藝」副刊「中山人語」專欄

名利得失寸心間

追名逐利古今不同

三代以下無不好名者；當今之世無不好利者。欲名與利兼而有者亦比比皆是。古今中外，莫不皆然。這可以說是人類的共同心理，不足為怪。

不過求名求利的方法和手段稍有不同。古人比較重視原則，所謂「君子愛財，取之有道。」這個「道」包涵了原則與方法，有能取則取，不能取則不取的意思。求名亦復如此。現代人求名求利，去「道」日遠，只要能得到的，不惜千方百計以求，為了達到目的，往往製造新聞，散佈謠言，甚至故意傷害別人，而美其名曰「宣傳」、「廣告」。這些玩藝兒都是向外國人學來的。西洋人把求名求利當作一門學問來研究，在大學裏開課，著書立說。他們求名求利，只顧目的，不擇手段，因此有人靠辦「花花公子」雜誌發財，甚至有人搞什麼交換性伴侶俱樂部，不一而足。西洋人，尤其是美國人，好的

方面我們沒有學到，壞事兒全學會了，求名求利的方法和手段，自然在內，甚至青出於藍。

本來中國人講究「實至名歸」，這不是「只問耕耘，不問收穫，」而是一分耕耘，一分收穫。只問耕耘，不問收穫，完全是盡其在我，不求報償。存這種心理的人有一個最大的好處，就是沒有失望。沒有失望，自然不會怨天尤人。不怨天尤人，自然心理平安。但是這種修養很難，尤其是工商業社會，都希望早晨栽樹，晚上乘蔭，誰也不願意白幹，最好是一分耕耘，十分收穫，利潤少了都不肯幹，甚至有些人成天想不勞而獲。警察破獲的盜竊案，贓物動輒千萬元以上，而作案的多是二十多歲身強力壯的青年人，世風之下，於此可見，他們遊手好閒，甘冒法紀，目的何在？一個「利」字而已。

也許有人以爲那些作奸犯科的青年人，都是沒有受過多少教育的非知識份子，不足爲奇。其實，破壞中國的倫理道德規範的知識份子更多，影響也更大，他們還會製造輿論，利用傳播工具來替自己辯護、宣傳，而落個名利雙收。這種例子實在太多太多，俯拾即是。

著作權與盜印官司

以出版界來說，如果張三出版了一本暢銷書，一定有李四甚至王五來翻印，翻印的好處是什麼？最少有三點：一是省掉了排版費，二是省掉了版稅，三是省掉了廣告費。這樣是必賺無疑。利之所在，就不管什麼道德不道德，甚至法律也不在乎了，因爲盜印的處罰最輕。有很多作者甚至連官司都不願意打，我自己就是一個，同事甚至認爲我可以反敲一筆，勸我告訴。他是搞六法全書的，又知道對方有錢，認爲這樣作可以名利雙收。我不爲所動，因爲我不要不義之財，卽使能「敲」到幾十萬，我也不敲，因爲得了一文不義之財，我都會日夜不安，我何必替自己製造痛苦？說到名，我也不想用這種方法來提高自己的知名度。所以我接受雙方朋友的調解，只要對方付兩千本的版稅。這樣對方沒有什麼損失，我也心安理得。這是十年前的事。

名作家趙滋蕃兄也曾和我談到有人翻印他的著作的事，問我可不可以打官司？我反問他：

「你打官司的目的是什麼？如果是爲了賠償損失或是要對方坐牢，這個官司你就不必打；如果是爲了製造新聞，提高知名度，你可以打。從前有人這麼做過，你自己看着辦好了。」

我把利害得失告訴他，他若有所悟地說：「那我還打什麼鬼的官司？」

維護名譽一場訟案

同時我有過一次上法院的經驗，不是打盜印官司，而是有一位湖南人冒充我在外面招搖撞騙，騙財騙色，起先我還不知道，後來有朋友告訴我，我大吃一驚，才向火車站警察分局報案，警察分局將案子移送法院，法院傳我過堂，除了有茂盛茂昌眼鏡公司董事長陳曉初兄作證外，中副編者夏鐵肩兄，詩人周棄子兄都好奇地去旁聽，結果法官三言兩語輕鬆平常地就打發過去了。這也是大約十年前的事，也是我第一次上法庭。我為了保護自己的名譽，和免得使女讀者上當才報警，警察算是處理了，但結果如何判決？我不知道。幾天後那位仁兄找谷叔常先生的機要秘書，現已作古的謝永炎兄向我疏通，使我啼笑皆非。我寫了四十年以上，沒有因為這一點點虛名而佔任何便宜。當初我到國民大會來工作時，誰也不知道我是何許人？我自己是抱着「隱姓埋名」的心情來當一名安份守己的公務員，不求聞達，後來憲研會副秘書長現已去世多年的黃紹祖先生，知道了我是誰，一再抱歉地對我說：

「墨人兄，當初我實在不知道是你，不然不會讓你受這麼久的委屈！」

他主管我的業務，我除了感謝他的好意之外，一笑置之。

我眞沒有想到我這點虛名還可以騙財、騙色，甚至可以做官？但是我從來沒有招搖撞騙。那時我甚至恨我自己怎麼走上了這條賣文維生的路？所以一找到這份吃飯的工作之後我就故意不寫作。那時許多朋友好意向我約稿我也一篇不寫。這不是和朋友們過不去，是和我自己過不去。我眞的恨我這點虛名，恨寫作這個行業。我不知道這種事有什麼好處？有什麼名利値得追逐？

實至名歸得失難言

天下的事眞是難說的很，你不重視的事，別人却特別重視，甚至利用它作壞事。如果我也利用虛名騙財騙色、那又何必一個一個字地寫，一天上八小時的班，而我所賺的錢又那麼辛苦有限，並且大半輩子都身在公門，從來沒有利用它大跳龍門。畢竟我是個笨人，不會作聰明人作的事。

文化界還有一件大家搶着作的事，那就是印大部頭的書。這種書反正不付版稅，誰的腦筋動得快，誰就名利雙收。但是現在大家都眼明手快，你的廣告一出來，他也照樣來一套，充其量在書名上玩點花樣，誰也打不起官司告不起狀。爲什麼大家搶着幹？一句話：爭名逐利而已。其他的話只有傻瓜才會相信。

這些事都不是沒有知識的人能作得出來的。

如果我們的聰明才智之士，肯多化一點心思，多下一點本錢，腳踏實地，多作一點有意義的事，最後總會「實至名歸」的，只是遲早而已，爲什麼沒有一點耐性呢？

另外我個人還有一點落伍的看法：有很多事是不可強求的，包括名利在內。孔子說：「富而可求也，雖執鞭之事，吾亦爲之；如不可求，從吾所好。」他遊匡的時候，「宋人圍之數匝，而絃歌不輟，子路入見曰：『何夫子之娛也？』孔子曰：『來，吾語汝。我諱窮久矣，而不免，命也；求通久矣，而不得，時也』。」

孔子當年周遊列國，目的是求官，想實現他的政治理想，不是爲了個人升官發財，但是沒有那一個稱孤道寡的諸侯用他，不但求官不得，反而在陳絕糧，狼狽不堪。但是他絕對沒有想到，死後被尊稱爲「萬世師表」，兩千多年來敬仰不衰。如果他只求一時的名利，又幸而得手，恐怕反而不成其爲今天的孔子了。天下事，得失之間往往是相對的，不是絕對的。有所得，必有所失；有所失，亦必有所得。塞翁故事，實有至理。但是現在的人都太聰明，只着重今天，不管明天。塞翁故事，已經起不了教育作用，老子的禍福之說，更沒有人理會了。我算老幾呢？還是停筆閉嘴，獨自登山吧。

原載時代文摘

墨人博士著作書目（校正版）

書目	類別	出版者	出版時間
一、自由的火焰 ⎫ 與《山之禮讚》合併 二、哀祖國 ⎭ 易名《墨人新詩集》	詩集	自印（左營）	民國三十九年（一九五〇）
	詩集	大江出版社（臺北）	民國四十一年（一九五二）
三、最後的選擇	短篇小說	百成書店（高雄）	民國四十二年（一九五三）
四、閃爍的星辰	長篇小說	大業書店（高雄）	民國四十二年（一九五三）
五、黑森林	長篇小說	香港亞洲社	民國四十四年（一九五五）
六、魔障	長篇小說	暢流半月刊（臺北）	民國四十七年（一九五八）
七、孤鳥長虹（全集中易名為富國島）	長篇小說	文壇社（臺北）	民國四十八年（一九五九）
八、古樹春藤	中篇小說	九龍東方社	民國五十一年（一九六二）
九、花嫁	短篇小說	九龍東方社	民國五十三年（一九六四）
一〇、水仙花	短篇小說	長城出版社（高雄）	民國五十三年（一九六四）
一一、白夢蘭	短篇小說	長城出版社（高雄）	民國五十三年（一九六四）
一二、颱風之夜	短篇小說	長城出版社（高雄）	民國五十三年（一九六四）

一三、白雪青山	長篇小說	長城出版社（高雄）	民國五十四年（一九六五）
一四、春梅小史	長篇小說	長城出版社（高雄）	民國五十四年（一九六五）
一五、洛陽花似錦	長篇小說	長城出版社（高雄）	民國五十四年（一九六五）
一六、東風無力百花殘	長篇小說	長城出版社（高雄）	民國五十四年（一九六五）
一七、合家歡	長篇小說	臺灣省新聞處（臺中）	民國五十四年（一九六五）
一八、紅樓夢的寫作技巧	文學理論	臺灣商務印書館（臺北）	民國五十五年（一九六六）
一九、塞外	短篇小說	臺灣商務印書館（臺北）	民國五十五年（一九六六）
二〇、碎心記	長篇小說	小說創作社（臺北）	民國五十六年（一九六七）
二一、蠶姑	長篇小說	小說創作社（臺北）	民國五十七年（一九六八）
二二、鱗爪集	散　文	水牛出版社（臺北）	民國五十七年（一九六八）
二三、青雲路	短篇小說	臺灣商務印書館（臺北）	民國五十八年（一九六九）
二四、變性記	短篇小說	臺灣商務印書館（臺北）	民國五十八年（一九六九）
二五、龍鳳傳	長篇小說	幼獅書店（臺北）	民國五十九年（一九七〇）
二六、火樹銀花	長篇小說	立志出版社（臺北）	民國五十九年（一九七〇）
二七、浮生集	散　文	聞道出版社（臺南）	民國六十一年（一九七二）
二八、墨人詩選	詩　集	臺灣中華書局（臺北）	民國六十一年（一九七二）
二九、鳳凰谷	長篇小說	臺灣中華書局（臺北）	民國六十一年（一九七二）

三〇、墨人短篇小說選　短篇小說　臺灣中華書局（臺北）　民國六十一年（一九七二）
三一、斷腸人　短篇小說　臺灣學生書局（臺北）　民國六十一年（一九七二）
三二、詩人革命家胡漢民傳　傳記小說　近代中國社（臺北）　民國六十七年（一九七八）
三三、心猿　長篇小說　學人文化公司（臺北）　民國六十八年（一九七九）
三四、山之禮讚　詩　集　秋水詩刊（臺北）　民國六十九年（一九八〇）
三五、心在山林　散　文　中華日報社（臺北）　民國六十九年（一九八〇）
三六、墨人散文集　散　文　學人文化公司（臺中）　民國六十九年（一九八〇）
三七、山中人語　散　文　臺灣商務印書館（臺北）　民國七十二年（一九八三）
三八、花市　散　文　江山出版社（臺北）　民國七十四年（一九八五）
三九、三更燈火五更雞　散　文　江山出版社（臺北）　民國七十四年（一九八五）
四〇、墨人絕律詩集　詩　集　臺灣商務印書館（臺北）　民國七十六年（一九八七）
四一、全唐詩尋幽探微　文學理論　臺灣商務印書館（臺北）　民國七十六年（一九八七）
四二、第二春　短篇小說　采風出版社（臺北）　民國七十七年（一九八八）
四三、全唐宋詞尋幽探微　文學理論　臺灣商務印書館（臺北）　民國七十八年（一九八九）
四四、小園昨夜又東風　散　文　黎明文化公司（臺北）　民國八　十年（一九九一）
四五、紅塵（上、中、下三卷）　長篇小說　臺灣新生報社（臺北）　民國八　十年（一九九一）
四六、大陸文學之旅　散　文　文史哲出版社（臺北）　民國八十二年（一九九三）

四七、紅塵續集	長篇小說	臺灣新生報社（臺北）	民國八十二年（一九九三）
四八、墨人半世紀詩選	詩選	文史哲出版社（臺北）	民國八十四年（一九九五）
四九、張本紅樓夢（上下兩巨冊）	修訂批註	湖南出版社（長沙）	民國八十五年（一九九六）
五〇、紅塵心語	散文	圓明出版社（臺北）	民國八十五年（一九九六）
五一、年年作客伴寒窗	散文	中天出版社（臺北）	民國八十六年（一九九七）
五二、全宋詩導幽探微	文學理論	文史哲出版社（臺北）	民國八十九年（二〇〇〇）
五三、墨人詩詞詩話	詩詞・理論	詩藝文出版社（臺北）	民國八十九年（二〇〇〇）
五四、婆娑世界（定本）	長篇小說	昭明出版社（臺北）	民國八十八年（一九九九）
五五、白雪青山（定本）	長篇小說	昭明出版社（臺北）	民國八十九年（二〇〇〇）
五六、滾滾長江（定本）	長篇小說	昭明出版社（臺北）	民國八十九年（二〇〇〇）
五七、春梅小史（定本）	長篇小說	昭明出版社（臺北）	民國八十九年（二〇〇〇）
五八、紫燕（定本）	長篇小說	昭明出版社（臺北）	民國九十年（二〇〇一）
五九、紅樓夢的寫作技巧（定本）	文學理論	昭明出版社（臺北）	民國九十年（二〇〇一）
六〇、紅塵六卷（定本）	長篇小說	昭明出版社（臺北）	民國九十年（二〇〇一）
六一、紅塵法文本	巴黎友豐（you fong）書局出版		二〇〇四年初版

附註：

▲北京中國文聯出版社二〇〇三年出版　大陸教授羅龍炎・王稚濤合著《紅塵》論專書

▲臺北市昭明出版社出版墨人一系列代表作，長篇小說《娑婆世界》、一百九十多萬字的空前大長篇《紅塵》（中法文本共出五版）暨《白雪青山》（兩岸共出六版）、《滾滾長江》、《春梅小史》、《紫燕》，短篇小說集、文學理論《紅樓夢的寫作技巧》（兩岸共出十四版）等書。臺灣中華書局出版的《墨人自選集》共五大冊，收入長篇小說《白雪青山》、《鹽姑》、《鳳凰谷》、《江水悠悠》（爲《東風無力百花殘》易名）、《短篇小說・詩選》合集。《哀祖國》及《合家歡》皆由高雄大業書店再版。臺北詩藝文出版社出版的《墨人詩詞詩話》創作理論兼備，爲「五四」以來詩人、作家所未有者。

▲臺灣商務印書館於民國七十三年七月出版先留英後留美哲學博士程石泉、宋瑞等數十人的評論專集《論墨人及其作品》上、下兩冊。

▲《白雪青山》於民國七十八年（一九八九）由臺北大地出版社第三版。

▲臺北中國詩歌藝術學會於一九九五年五月出版《十三家論文》論《墨人半世紀詩選》。

▲《紅塵》於民國七十九年（一九九〇）五月由大陸黃河文化出版社出版前五十四章（香港登記、深圳市印行）。大陸因未有書號未公開發行僅供墨人「大陸文學之旅」時與會作家座談時參考。

▲北京中國文聯出版公司於一九九二年十二月出版長篇小說《春梅小史》（易名《也無風雨也無晴》）；一九九三年四月出版《紅樓夢的寫作技巧》。

▲北京中國社會科學出版社於一九九四年出版散文集《浮生小趣》。

▲北京群眾出版社於一九九五年一月出版散文集《小園昨夜又東風》；一九九五年十月京華出版社出

版長篇小說《白雪青山》大陸版、第一版三千冊，一九九七年八月再版一萬冊。

▲長沙湖南出版社於一九九六年一月初出版墨人費時十多年精心修訂批註的《張本紅樓夢》、分上下兩大冊精裝一萬一千套。立即銷完、因未經墨人親校、難免疏失、墨人未同意再版。

Mo Jen's Works

1950 *The Flames of Freedom*（poems）《自由的火焰》

1952 *Lament for My Mother Country*（poems）《哀祖國》

1953 *Glittering Stars*（novel）《閃爍的星辰》

The Last Choice（short stories）《最後的選擇》

1955 *Black Forest*（novel）《黑森林》

The Hindrance（novel）《魔障》

The Rainbow and An Isolated Island（novel）《孤島長虹》（全集中易名爲富國島）

1963 *The spring Ivy and Old Tree*（novelette）《古樹春藤》

1964 *Narcissus*（novelette）《水仙花》

A Typhonic Night（novelette）《颱風之夜》

Ms.Pei Mong-lan（novelette）《白夢蘭》

The Joy of the Whole Family（novel）《合家歡》

Flower Marriage（novelette）《花嫁》

1965 *White Snow and Green Mountain*（novel）《白雪青山》

The Short Story of Miss Chung Mei（novel）《春梅小史》

The Powerless Spring Breeze and Faded Flowers（novel）《東風無力百花殘》（《江水悠悠》）

Flower Blossom in Loyang（novel）《洛陽花似錦》

1966 *The Writing Technique of the Dream of Red Chamber*（literature theory）《紅樓夢的寫作技巧》

Out of The Wild Frontier（novelette）《塞外》

1967 *A Heart-broken Story*（novel）《碎心記》

1968 *Miss Clever*（novel）《靈姑》

Trifle（prose）《鱗爪集》

1969 *The Road to Promotion*（novelette）《青雲路》

1970 *A Sex-change Story*（novelette）《變性記》

The Biography of the Dragon and the Phoenix（novel）《龍鳳傳》

1971 *A Brilliantly lighted Garden*（novel）《火樹銀花》

1972 *My Floating Life*（prose）《浮生記》

Selection of Mo Jen's Poems《墨人詩選》

A Heart-broken Woman（novelette）《斷腸人》

Phoenix Valley（novel）《鳳凰谷》

Mo Jen's Works（five volumes）《墨人自選集》

Selection of Mo Jen's short stores《墨人短篇小說選》

1978 *Hu Han-ming, the Poet and Revolutionist*（novel）《詩人革命家胡漢民》

1979 *The Mokey in the Heart*（i.e. The Purple Swallow renamed）《心猿》

1980 *The Hermit*（prose）《心在山林》

A Collection of Mo Jen's Prose（prose）《墨人散文集》

A Praise to Mountains（poems）《山之禮讚》

1983 *Mountaineer's Remarks*（prose）《山中人語》

1985 *My Candle Burns at Both Ends*（prose）《三更燈火五更雞》

Flower Market（prose）《花市》

1986 *A Mundane World*（novel, four volumes, over 1.9 million words）《紅塵》

1987 *Remarks on All Poems of the Tang Dynasty*（theory）《全唐詩尋幽探微》

1988 *Remarks On All Tsyr*（prose poem）*of the Tang and Sung Dynasties*（theory）《全唐宋詞尋幽探微》

1991 *The Breeze That Came From The East Last Night in My Little garden Again*（prose）《小園昨夜又東風》

1992 *Travel for Literature in Mainland China* (prose)《大陸文學之旅》

1995 *Selection of Mo Jen's Poems, 1992-1994*《墨人半世紀詩選》

1996 *I'll look upon the World*《紅塵心語》

Chang Edition of the Dream of Red Chamber《張本紅樓夢》(修訂批註)

1997 *Cherish thy guests and the Muses*《年年作伴寒窗》

1999 *Saha Shih Gai*《娑婆世界》

1999 *Remarks on All Poems of the sung Dynasties*《全宋詩尋幽探尋》

1999 *Mo Jen's Classical Poems and Prose Poems*《墨人詩詞詩話》

2004 *Poussiere Rouge*《紅塵》法文譯本

墨人博士創作年表（二〇〇五年增訂）

年度	年齡	發表出版作品及重要文學紀錄摘要
民國二十八年己卯（一九三九）	十九歲	在東南戰區《前線日報》發表〈臨川新貌〉。淪陷區著名的上海《大美晚報》隨即轉載。
民國二十九年庚辰（一九四〇）	二十歲	在《前線日報》發表〈希望〉、〈路〉等新詩作品。
民國三十年辛巳（一九四一）	二十一歲	在《前線日報》發表〈評夏伯陽〉書評等文。
民國三十一年壬午（一九四二）	二十二歲	在各大報發表〈苦難的行列〉、〈贛州禮讚〉〈長詩〉、〈老船夫〉、〈盲歌者〉、〈自己的輓歌〉、〈抹去那怯弱的眼淚吧〉、〈生命之歌〉、〈快翻鳥〉、〈鷂鷹與雲雀〉等詩及散文多篇。
民國三十二年癸未（一九四三）	二十三歲	在各大報發表長詩〈鋤奸隊長〉、〈搜索連長〉、〈遙寄〉、〈寫在第七個七七〉、〈父親〉、〈受難的女神〉、〈城市的夜〉及〈火把〉、〈擊柝者〉、〈橋〉、〈古鐘〉、〈汽笛〉、〈山居〉、〈沙灘〉、〈夜行者〉、〈孤芳〉、〈蚊蟲〉、〈蒼蠅〉、〈園圃〉、〈陽光〉、〈深秋〉、〈贈某詩人兼寫自己〉、〈哀亡命詩人〉、〈自供〉、〈自題詩抄〉、〈哀歌〉、〈生活〉、〈給偶像崇拜者〉、〈戰書〉、〈燈下獨白〉、〈夜歸〉、〈失眠之夜〉、〈悼〉、〈殘英〉、〈黃昏曲〉、〈補綴〉、〈復活的季節〉、〈擬戀歌〉、〈晨雀〉、〈春耕〉、〈天空的搏鬥〉等長短抒情詩。另發表散文及短篇小說多篇。

民國三十三年甲申（一九三九）	二十四歲	發表〈山城草〉五首及〈沒有褲子穿的女人〉、〈襤褸的孩子〉、〈駝鈴〉、〈無聲的哭泣〉、〈長夜草〉、〈春夜〉、〈擬某女演員〉、〈蛙聲〉、〈麥笛〉等詩及散文多篇。
民國三十四年乙酉（一九四五）	二十五歲	發表〈最後的勝利〉及〈煉獄裏的聲音〉、〈神女〉、〈問〉等長詩與散文多篇。
民國三十五年丙戌（一九四六）	二十六歲	發表〈夢〉、〈春天不在這裡〉等詩及散文多篇。
民國三十六年丁亥（一九四七）	二十七歲	發表〈冬天的歌〉、〈流浪者之歌〉、〈手杖、煙斗〉及長詩〈上海抒情〉等與散文多篇。
民國三十七年戊子（一九四八）	二十八歲	主編軍中雜誌、撰寫時論，均不署名。
民國三十八年己丑（一九四九）	二十九歲	七月渡海抵臺、發表〈星獻〉、〈滿妹〉、及長詩〈自由的火燄〉、〈人類的福音〉等及散文多篇。
民國三十九年庚寅（一九五〇）	三十歲	發表〈站起來、捏死他！〉、〈滾出去、馬立克！〉、〈英國人〉、〈海洋頌〉等詩。出版《自由的火燄》詩集。
民國四十年辛卯（一九五一）	三十一歲	發表〈春晨獨步〉、〈炫與殉〉、〈悼三閭大夫屈原〉、〈詩聯隊〉、〈心靈之歌〉、〈子夜獨唱〉、〈真理・愛情〉、〈友情的花朵〉、〈啊、西風啊！〉、〈歲暮吟〉、〈師生〉、〈往事〉、〈天書〉、〈歷程〉、〈雨天〉、〈火車飛馳在海岸線上〉、〈帶路者〉、〈送第一艦隊出征〉等詩、及〈哀祖國〉長詩。
民國四十一年壬辰（一九五二）	三十二歲	發表〈未完成的想像〉、〈鄉土吟〉、〈窗下吟〉、〈白髮吟〉、〈秋夜輕吟〉、〈秋訊〉、〈渴念、追求〉、〈寂寞、孤獨〉、〈冬眠〉、〈我想把你忘記〉、〈想念〉、〈成人的悲歌〉、〈訴〉、〈詩人〉、〈詩〉、〈貝絲〉、「春天的懷念」五首、〈利風〉、〈夜雨〉、〈臺灣海峽的霧〉等及散文、短篇小說多篇。出版《哀祖國》詩集。

民國四十二年癸巳（一九五三）	三十三歲	發表〈寄台北詩人〉等詩及散文短篇小說多篇。高雄百成書店出版短篇小說集《最後的選擇》，收入〈華玲〉、〈生死戀〉、〈梅蘭馨〉、〈敵人的故事〉、〈最後的選擇〉、〈蔣復成〉、〈姚醫生〉等七篇。大業書店出版長篇小說《閃爍的星辰》一、二兩冊。
民國四十三年甲午（一九五四）	三十四歲	發表〈翡翠〉、〈海鷗〉、〈鳳凰木〉、〈流螢〉、〈鵝鑾鼻〉、〈海邊的城〉、〈長夏小唱〉及散文、短篇小說多篇。
民國四十四年乙未（一九五五）	三十五歲	發表〈雲〉、〈F-86〉、〈鐵GK〉等詩及散文、短篇小說多篇。香港亞洲出版社出版長篇小說《黑森林》，並獲中華文獎會國父誕辰長篇小說第二獎（第一獎從缺）。
民國四十五年丙申（一九五六）	三十六歲	發表〈四月〉等詩及散文、短篇小說多篇。
民國四十六年丁酉（一九五七）	三十七歲	發表〈月亮〉、〈九月之旅〉、〈雨和花〉等詩及長篇小說《魔障》。
民國四十七年戊戌（一九五八）	三十八歲	暢流半月刊雜誌社出版長篇連載小說《魔障》。
民國四十八年己亥（一九五九）	三十九歲	發表短篇小說、散文多篇。文壇雜誌社出版長篇小說《孤島長虹》（全集中易名為《寶島》）。
民國四十九年庚子（一九六〇）	四十歲	發表〈橫貫小唱〉等詩及散文、短篇小說多篇。
民國五十年辛丑（一九六一）	四十一歲	發表〈熱帶魚〉、〈豎琴〉、〈水仙〉等詩及短篇小說甚多。奧國維也納納富出版公司編選的《世界最佳小說選》選入短篇說〈馬腳〉，同時入選者有諾貝爾文學獎得主威廉福克納、拉革克菲斯特等世界各國名作家作品。

民國五十一年壬寅（一九六二）	四十二歲	發表〈青鳥〉、〈兩腳獸〉、〈晚會〉、〈祈禱〉等詩及短篇小說甚多。 奧國維也納納當出版公司又將短篇小說《小黃》（以江州司馬筆名撰寫者）選入《世界最佳小說選》、同時入選者有諾貝爾獎得主蕭洛霍夫、郭沫若及世界各國名作家作品。
民國五十二年癸卯（一九六三）	四十三歲	香港九龍東方文學出版社出版中篇小說《古樹春藤》。發表短篇小說、散文甚多。
民國五十三年甲辰（一九六四）	四十四歲	香港九龍東方文學社出版短篇小說集《花嫁》、收入〈教師爺〉、〈劉二爹〉、〈二嫣〉、〈異鄉人〉、〈花嫁〉、〈扶桑花〉、〈南海鷹鮫〉、〈高山曲〉、〈古寺心聲〉、〈誘惑〉、〈隱情〉、〈美珠〉、〈新苗〉、〈心聲淚影〉等十四篇。 高雄長城出版社出版中短篇小說集《水仙花》、收入〈水仙花〉、〈銀杏表嫂〉、〈圓房記〉、〈江湖兒女〉、〈天鵝〉、〈賭徒〉、〈搶親〉、〈黃龍〉、〈飄雪歸人〉、〈花子老爺〉、〈疊豐寺的居士〉、〈人與樹〉、〈過客〉、〈阿婆〉、〈馬腳〉、〈小黃〉等十六篇。 高雄長城出版社出版中短篇小說集《白夢蘭》。收入〈情敵〉、〈空手〉、〈師生〉、〈斷夢〉、〈黃昏曲〉、〈白夢蘭〉、〈平安夜〉、〈凱塞琳．萊蒙托夫與我〉、〈陽春白雪〉、〈亂世佳人〉、〈傷心之旅〉、〈白衣清淚〉、〈護士與病人〉、〈如夢記〉、〈除夕〉等十五篇。 高雄長城出版社出版《中華日報》連載的二十五萬字長篇小說《白雪青山》。 發表短篇小說、散文甚多。
民國五十四年乙巳（一九六五）	四十五歲	高雄長城出版社出版連載長篇小說《洛陽花似錦》、《春梅小史》、《東風無力百花殘》三部。 發表短篇小說、散文甚多。 省政府新聞處出版長篇小說《合家歡》。
民國五十五年丙午（一九六六）	四十六歲	是年五月赴馬尼拉華僑文教講習會講授「紅樓夢的寫作技巧」及新詩課程一個月。 商務印書館出版文學理論專著《紅樓夢的寫作技巧》、全書共十五萬字。 商務印書館出版中短篇小說集《塞外》。收入〈塞外〉、〈騙子〉、〈百合花〉、〈天山風雲〉、〈白金龍〉、〈白狼〉、〈秋爾紫鵑〉、〈曾萬秋的衣缽〉、〈半路夫妻〉、〈百鳥聲喧〉、〈風竹與野馬〉、〈美人計〉、〈夜襲〉、〈花燭劫〉等十四篇。

民國五十六年丁未（一九六七）	四十七歲	發表短篇小說、散文甚多。小說創作社出版連載長篇小說《碎心記》。
民國五十七年戊申（一九六八）	四十八歲	小說創作社出版《中華日報》連載長篇小說《蠻姑》。水牛出版社出版散文集《鱗爪集》、收入〈家鄉的魚〉、〈家鄉的鳥〉、〈雪天的懷念〉、〈秋山紅葉〉、〈學問與創作之間〉等散文七十六篇、舊詩三首。
民國五十八年己酉（一九六九）	四十九歲	商務印書館出版中短篇小說集《青雲路》。收入〈世家子弟〉、〈青雲路〉、〈空槍記〉、〈久香〉等四篇。
民國五十九年庚戌（一九七〇）	五十歲	商務印書館出版中短篇小說集《變性記》。收入〈變性記〉、〈孀客〉、〈歲寒圖〉、〈泥龍〉、〈祖孫父子〉、〈秋風落葉〉、〈老夫老妻〉、〈恩愛夫妻〉、〈布販與偷雞賊〉、〈芳鄰〉、〈沙漠王子〉、〈沙漠之狼〉、〈世界通先生〉、〈寶珠的祕密〉、〈奇緣〉等十五篇。幼獅文化事業公司出版長篇小說《龍鳳傳》。臺北立志出版社出版長篇《火樹銀花》出版全集時易名《同是天涯淪落人》。
民國六十年辛亥（一九七一）	五十一歲	立志出版社出版長篇小說《火樹銀花》。發表散文多篇及在高雄《新聞報》連載長篇小說《紫燕》。
民國六十一年壬子（一九七二）	五十二歲	闢道出版社出版散文集《浮生集》。收入〈文藝的危機〉、〈貝克特高風〉、〈五十年華〉等散文十三篇、舊詩六首。學生書局出版短篇小說散文合集《斷腸人》。收入短篇小說〈斷腸人〉、〈薇薇〉、〈相見歡〉、〈滄桑記〉、〈恩怨〉、〈夜宴〉等七篇及散文〈文學系與文學創作〉、〈大學國文教學我見〉、〈作家之死〉等十五篇。　中華書局出版《墨人自選集》五大冊。包括長篇小說《白雪青山》、《蠻姑》、《鳳凰谷》、《江水悠悠》（《東風無力百花殘》易名）及《短篇小說．詩選》（精選短篇小說二十八篇、抒情詩一〇六首）、共一百五十萬字。
民國六十二年癸丑（一九七三）	五十三歲	發表散文多篇。列入英國劍橋國際傳記中心（International Biographical Centre Cambridge England）出版的《國際詩人名錄》（*International Who's Who in Poetry, 1973*）。

民國六十三年甲寅（一九七四）	五十四歲	出席第三屆世界詩人大會。 發表散文多篇。
民國六十四年乙卯（一九七五）	五十五歲	列入正中書局出版的《中華民國文藝史》（1975）。發表〈臺北的黃昏〉新詩一首及散文多篇。
民國六十五年丙辰（一九七六）	五十六歲	列入英國劍橋國際傳記中心出版的 *Men of Achievement. 1976* 發表〈歷史的會晤〉新詩及散文、短篇小說多篇。
民國六十六年丁巳（一九七七）	五十七歲	應 I.B.C 邀請於三月間赴義大利翡冷翠出席國際文藝交流大會（The 3rd I.B.C. International Congress on Arts and Communications）。會後環遊世界。發表〈羅馬之藝〉、〈羅馬之松〉、〈翡冷翠的女郎〉、〈翡冷翠之柳〉、〈塞納河〉等詩及羅馬掠影」、〈羅城記〉、〈威尼斯之旅〉、〈藝術之都翡冷翠〉、〈西雅奈與比薩斜塔〉、〈美國行〉、〈江戶、皇宮、御苑〉、〈環球心影〉等遊記。 在《中國時報》發表有關中國文化論文〈中國文化的三條根〉，在《新生報》發表〈文藝界的『洋』瘋癲〉等多篇。
民國六十七年戊午（一九七八）	五十八歲	近代中國社出版長篇傳記小說《詩人革命胡漢民傳》。 列入英國劍橋國際傳記中心出版的《國際名人辭典》（*Dictionary of International Biogaphy.1978*）、《國際知識分子名錄》(*International Who's Who of Intellectual. 1978*、《國際人名剪影》*International Register of Profiles*）、《國際社會名人錄》（*International Who's Who in Community Service*）。發表〈六月之荷〉詩一首。 在各報發表〈中國文化的宇宙觀〉、〈中國文化的真面目〉、〈文化、社會形態與當代文學創作（為亞洲文學會議而作）〉、〈人與宇宙自然法則〉等。 出席亞洲文學會議。　列入中華書局出版的《中華民國當代名人錄》（*Who's Who of R.O.C. 1978*）　列入行政院新聞局編印的一九七八年英文《中華民國年鑑名人錄》（*China Yearbook Who's Who*）。

民國六十八年己未（一九七九）	五十九歲	學人文化事業有限公司出版長篇小說《心猿》（《紫燕》易名）。發表短篇小說〈春〉、〈杏林之春〉、長詩〈莫吉米·卡特〉及〈山之禮讚〉五首。短篇〈客從故鄉來〉、〈人瑞〉。理論〈中國古典小說戲劇〉、〈抗戰文學的整理與再創作〉（《中央日報》）等多篇。
民國六十九年庚申（一九八〇）	六十歲	秋水詩刊社出版詩集《山之禮讚》，收集六十四年以後新詩四十四首及七言絕律詩十首。　中華日報社出版散文集《心在山林》，收集〈花甲豐中過〉、〈老當益壯〉、及抒情寫景散文數十篇。臺中學人文化事業出版有限公司出版《墨人散文集》收集〈文化、社會形態與當代文學創作〉、〈人與宇宙自然法則〉、〈中國文化的三條根〉、〈宇宙為心人為本〉、〈文藝界的"洋"癱瘓〉等理論性散文數十篇。在《中央日報·副刊》發表〈紅樓夢研究的正確方向〉、《中華日報·副刊》發表〈人生六十樹常青〉、《青年戰士報·新文藝副刊》發表〈山中人語〉專欄文章〈山水之間〉、〈生命長短價值觀〉、〈寶刀未老〉、〈七進七出鬼門關〉、〈報人甘苦〉、〈杏壇生涯〉等。接受《大華晚報》採訪組副主任程榕寧兩次訪問，一為談胡漢民生平，一為談《易經》、《道德經》、命學，並發表〈醫學命學與人生〉專文。
民國七十年辛酉（一九八一）	六十一歲	繼續撰寫《山中人語》專欄。應臺中市《自由日報》特約撰寫《浮生小記》專欄。應行政院新聞局邀請參觀本省農漁畜牧事業單位、並在《中央日報》發表〈人在福中〉散文。接受臺灣廣播公司《成功之路》節目訪問，於四月廿七日晚八時半播出。在高雄《新聞報》發表〈撥亂反正說紅樓〉（六月十七、十八日）論文。
民國七十一年壬戌（一九八二）	六十二歲	九月赴漢城出席第二屆中韓作家會議，並在東京參加中日作家會議，曾暢遊南韓、北海道、大阪至東京名勝地區，歸後撰寫〈韓國掠影〉、〈秋遊北海道〉，發表於《中央日報》。列入中華民國名人傳記中心出版的《中華民國現代名人錄》。

		列入英國劍橋國際傳記中心出版的《傑出男女傳記》（*Men and Women of Distinction*）並附照片。 列入美國 MarQuis 公司出版的《世界名人錄》（*Who's Who in the World*）第六版。 接受義大利藝術大學授予的文學功績證書。
民國七十二年癸亥（一九八三）	六十三歲	商務印書館出版散文集《山中人語》，收集散文七十篇。
民國七十三年甲子（一九八四）	六十四歲	商務印書館出版《論墨人及其作品》上、下兩冊，包括評論文章六十餘篇。 列入義大利 Accademia Itlia 出版英、法、德、義四種文字的《國際文學史》（*The History of International Literature*）及《百科全書：當代人物（*The Encyclopadeia: Contemporary Personalities*）。 端午節（六月四日）開筆撰寫已構思準備十餘年的一百餘萬字的大長篇小說《紅塵》，年底完成初稿四十餘萬字。 十月在韓國漢城舉行的第四屆中韓作家會議，事忙未能出席，但提出一萬餘字的論文（古典與現代）一篇。
民國七十四年乙丑（一九八五）	六十五歲	由江山出版社出版《三更燈火五更雞》、《花市》散文集等兩本，前者收入散文、理論二十四篇，後者收入散文遊記二十七篇。 八月一日退休，專心寫作《紅塵》，於十二月底完成九十二章，告一段落，共一百二十萬字，超出《紅樓夢》十餘萬字，內有絕律詩（聯）三十一首。
民國七十五年丙寅（一九八六）	六十六歲	年初開始研讀《全唐詩》，撰寫《全唐詩尋幽探微》，十一月完成，共十二萬餘字，一面在《新聞報・西子灣》發表，並連同歷年所作絕律詩三十七首，定名為《墨人絕律詩集》，一併交與臺灣商務印書館簽約出版。 列入美國 A.B.I. 出版的 5000 Personalities of the World，英國 I.B.C. 出版的 *The International Authors and Writers Who's Who*.

民國七十六年丁卯（一九八七）	六十七歲	訪問考察東南亞地區、國家馬來西亞、新加坡、泰國、菲律賓、香港十七天、並出席多次座談會。 商務印書館出版《全唐詩尋幽探微》（附《墨人絕律詩集》）。 《紅塵》長篇小說於三月五日開始在（臺灣新生報）連載。 七月四、五日出席在臺北市召開的抗戰文學研討會。 八月一日出席在高雄市召開的第七屆中韓作家會議。
民國七十七年戊辰（一九八八）	六十八歲	元月二日完成《全唐宋詞尋幽探微》（附《墨人詩餘》）全書十六萬字。設於美國深受世界尊重的「國際大學基金會」（The Marguis Giuseppe Scicluna 1855-1907 International University Foundation）（Founded 1973）授予榮譽文學博士學位。
民國七十八年己巳（一九八九）	六十九歲	臺灣商務印書館出版《全唐宋詞尋幽探微》。 臺北大地出版社三版長篇小說《白雲青山》。 世界大學（World University）授予榮譽文學博士學位。
民國七十九年庚午（一九九〇）	七十歲	五月應大陸黃河文化實業公司邀請、作四十天文學之旅、與北京、上海、杭州、九江、武漢、西安、蘭州等地作家座談中華文化、文學創作、坦誠交換意見、獲得一致共識、真摯友情與尊敬、廣州電視臺並全程錄影、製作專輯播出、六月底返臺後即撰寫《大陸文學之旅》專著。 艾因斯坦國際學院基金會（Albert Einstein 1879-1955 International Academy Foundation）授予榮譽人文學博士學位。 榮列英國劍橋國際傳記中心出版的 IBC Book of Dedications. 占全書篇幅五頁、刊登照片五張、介紹五十年創作生涯、十分翔實、篇幅之大、爲全書冠、並禮聘爲 IBC 副總裁。
民國八十年辛未（一九九一）	七十一歲	二月底新生報出版《紅塵》、二十五開本、上、中、下三鉅冊。黎明文化事業公司出版《小園昨夜又東風》散文集。 應香港廣大學院禮聘爲中國文學研究所客座指導教授。 《紅塵》榮獲新聞局著作金鼎獎及嘉新優良著作獎。

民國八十一年壬申（一九九二）	七十二歲	文史哲出版社出版《大陸文學之旅》。 應聘香港廣大學院中研所客座指導教授。 一月五日開筆寫《紅塵續集》，自九十三章起至一百二十章止，共四十萬字，六月十日完稿，《紅塵》全書共一百九十萬字。續集自十二月一日開始在《臺灣新生報・副刊》連載近年，雙破長篇鉅著及連載紀錄。中國廣播公司《中廣小說選播》節目，亦於十二月一日十四時三十分，在AM657千赫第一廣播網開始播出長篇鉅著《紅塵》上、中、下三冊，由戴愛華小姐導播，集該公司播音精英，通力合作，龍老夫人一角由播音元老白銀飾演，其餘人物均為一時之選，效果奇佳，前所未有。　北京「中國文聯出版公司」出版《也無風雨也無晴》。 墨人故鄉九江《師專學報》，於本年起開闢《墨人研究》專欄，與《陶淵明研究》、《黃山谷研究》，並稱三大專欄，甚受教育、學術界重視。
民國八十二年癸酉（一九九三）	七十三歲	十月下旬，偕《秋水》詩刊同仁涂靜怡、雪柔、麥穗、汪洋萍、風信子、林蔚穎等為慶祝《秋水》創刊二十周年，訪問哈爾濱、北京、西安三大都市，與當地詩人座談交流，水乳交融，兩岸詩人因而建立深厚友誼。十一月初，隻身訪問昆明、探親，昆明作協主席曉雪、八十多歲老作家李喬、小說家張昆華、《春城晚報》副總編輯熊廷武、副刊主編原因、理論家教授余斌、作家湯世傑、李鈞華等集會歡迎，其中多為白族、彝族等少數民族作家，乃以雲南少數民族文化資源努力創作相勉，深獲共鳴。資深作家彭荊風，晚間並來下榻處暢談。 繼續應聘香港廣大學院中研所客座指導教授三年。 十二月新生報社出版《紅塵續集》，全書共四大冊，其實前後一貫，為一整體，該報為方便，乃以《續集》名之。一生心願心血得以完成，在輕、薄、短、小及商品文學獨占市場情況下，亦一大異數。北京「中國文聯出版公司」出版《紅樓夢的寫作技巧》。

民國八十三年甲戌（一九九四）	七十四歲	一月開始研讀自北京購回的《全宋詩》、擬續寫《全宋詩尋幽探微》。 四月十一日接受臺北復興廣播電臺《名人專訪》節目主持人裴雯小姐訪問；談一生寫作歷程及大長篇《紅塵》寫作經過。 臺北《世界論壇報》副社長兼副刊主編詩人評論家周伯乃先生，特自五月三十一日起一連三天出版特刊，慶祝七十晉五誕辰暨創作五十五周年，除刊出〈小傳〉、〈七五人生一首詩〉、〈中國新詩與傳統詩詞的整合〉、〈叩開生命之門〉三篇新作外，並刊出蒙古族女詩人作家薩仁圖婭的〈墨人：屈原風骨中華魂〉，及馬來西亞霹靂州立女子中學校長、詩詞家、散文作家彭士麟女士論《紅塵》與大陸作家作品比較的書信、墨人著作校長、詩詞家、散文作家彭士麟女士論《紅塵》與大陸作家作品比較的書信、墨人著作目錄、美國兩個榮譽文學博士、一個人文學博士照片三張、《紅塵》獲獎照片一張、及周伯乃〈無限的祝禱〉文等。 八月七日、中國時報系的《工商日報•讀書版•大書坊》刊出蓓齡的《紅塵》墨人專訪文章、並配合攝影記者何日昌拍攝的墨人及《紅塵》四冊照片。 大陸廣州暨南大學中文系教授兼臺港暨海外華文文學研究中心主任、評論家潘亞暾、費時月餘撰寫《紅塵續集》論文達一萬餘字的〈偉大史詩的歸結〉，於九月二十一至二十五日在臺北市《世界論壇報•副刊》全文刊出，見解不凡，對《續集》的成功更使他大吃一驚，因此，更肯定《紅塵》的史詩價值、地位。 八月二十八日第十五屆世界詩人大會在臺北召開，僅提出〈中國新詩與傳統詩詞的整合〉論文一篇，並未出席，論文則由《中國詩刊》主編曾美霞女士代讀。
民國八十四年乙亥（一九九五）	七十五歲	一月、臺北文史哲出版社出版《墨人半世紀詩選》（一九四二－一九九四）。 一月十日應臺北廣播電臺《藝文夜話》主持人宋英小姐訪問，許導播秀玲決定十日開播《紅塵》全書四冊，每日廣播兩次。 中國詩歌藝術學會主辦、中國文藝協會協辦，於五月二十二日在臺北市中國文藝協會舉行《墨人半世紀詩選》學術研討會，與會詩人、評論家六十餘人，討論情況熱烈，並印發海峽兩岸評論家王常新、古繼堂、古遠清、李春生、楊允達、周伯乃等十三家論文專集。各家均推崇、肯定新舊詩兩方面的成就與半個多世紀的貢獻。

		英國劍橋國際傳記中心頒贈二十世紀文學傑出成就獎。榮列一九九五年英國劍橋國際傳記中心出版的 The Definitive Book of the Deputy Directors General of the IBC. 佔全書篇幅五頁、刊登照片五張，為全書之冠。
民國八十五年丙子（一九九六）	七十六歲	臺北圓明出版社出版涵蓋儒、釋、道三家思想的散文集《紅塵心語》。卷首有珍貴的文學照片十餘張。 臺北中國詩歌藝術學會出版《十三家論文》論《墨人半世紀詩選》。
民國八十六年丁丑（一九九七）	七十七歲	臺北中天出版社出版與《紅塵心語》為姊妹集的散文集《年年作客伴寒窗》，各篇亦均以五、七言詩作題，內中作者詩詞亦多，並附錄珍貴文學資料訪問記、特寫、著作目錄等十餘篇。出任「乾坤」詩刊顧問，並主編該刊古典詩詞。完成《墨人詩詞詩話》、《全宋詩尋幽探微》兩書全文。
民國八十七年戊寅（一九九八）	七十八歲	構思六年的以佛學精義結合修行心得化為文學創作的長篇小說《娑婆世界》，於三月二十八日開筆，十二月脫稿。共三十八章，五十多萬字。 英國劍橋國際傳記中心（IBC）出版《二十世紀傑出人物》以照片配合文字將墨人傳記刊卷首重要位置，並頒發獎狀。大陸中國國際經濟文化交流促進會、燕京國際文化藝術研究會等七大單位編纂出版的《世界華人文學藝術界名人錄》，中國國際交流出版社出版的《世界名人錄》，均為十六開巨型中文本。
民國八十八年己卯（一九九九）	七十九歲	本年為來臺五十周年、創作六十周年、中國習俗八十歲，昭明出版社出版長篇小說《娑婆世界》。 美國傳記學會（ABI）出版二十世紀《五百位有影響力的領袖》，以照片配合文字將墨人傳記刊於卷首重要位置並頒發獎狀。照片及詩詞五首編入中國《當代吟壇》巨著。　美國「世界智庫」與艾因斯坦國際學會基金會」聯合頒贈墨人傑出成就榮譽獎，以紀念千禧年，並榮列中國出版的《中華精英大全》。 美國傳記學會頒贈墨人「二十世紀成就獎」。

民國八十九年庚辰（二〇〇〇）	八十歲	臺北昭明出版社陸續出版定本長篇小說《白雪青山》、《滾滾長江》、《春梅小史》；文學理論《紅樓夢的寫作技巧》、連同民國八十八年出版的長篇小說《娑婆世界》、並列為墨人一系列代表作品、以慶祝墨人八十整壽。 臺北詩藝文出版社出版《墨人詩詞詩話》。 臺北文史哲出版社出版《全宋詩尋幽探微》。
民國九十年辛巳（二〇〇一）	八十一歲	臺北昭明出版社出版長篇小說定本《紅塵》全書六冊及長篇小說《紫燕》定本。
民國九十一年壬午（二〇〇二）	八十二歲	五月三日偕長子選翰赴上海訪友小住。 英國劍橋國際傳記中心授予「終身成就獎」。
民國九十二年癸未（二〇〇三）	八十三歲	八月底偕夫人及在臺子女四人經上海轉往故鄉九江市掃墓探親並遊廬山。
民國九十三年甲申（二〇〇四）	八十四歲	準備出版全集（經臺北榮民總醫院檢查無任何疾病。）巴黎 you-Feng 書局出版臺華典雅法文本《紅塵》。
民國九十四年乙酉（二〇〇五）	八十五歲	此後五年不遠行、以防交通意外、準備資料。計劃百歲前開筆撰寫新長篇小說。北京「中央出版社」出版《強國丰碑》，以著名文學家張萬熙為題刊出墨人傳略、為臺灣及海外華人作家唯一入選者。並先後接到北京電話、書函邀請寄送資料編入《一代名家》、《中華文化藝術名家名作世界傳播錄》。
民國九十五年丙戌（二〇〇六）至民國一百年（二〇一一）——	八十六歲至九十二歲——	重讀重校全集、已與臺北市文史哲出版社簽訂出版《墨人博士作品全集》合約、 民國一百年年內可以出版。此為「五四」以來中國大陸與臺灣所未有者。